INGLÉS
SIN ESFUERZO
(EFFORTLESS ENGLISH)

APRENDE A HABLAR INGLÉS COMO TU PROPIO IDIOMA

A.J. HOGE

Effortless English is published by Effortless English LLC
1702 A. Street, Ste. C
Sparks, NV 89431

Inquiries: events@effortlessenglishclub.com
Website: www.effortlessenglishclub.com

ISBN: 978-1-942250-03-6
LCCN: pending
Library of Congress Cataloging-In-Publication Data Has Been Applied For

Diseño de portada y composición tipográfica: Enterline Design Services LLC

INGLÉS
SIN ESFUERZO
(EFFORTLESS ENGLISH)

APRENDE A HABLAR INGLÉS COMO TU PROPIO IDIOMA

Effortless
English

Contenido

CAPÍTULO 1

Una mejor forma de aprender inglés

Si has tomado este libro, es probable que durante algún tiempo hayas querido hablar inglés. Quizás, incluso, hayas tomado clases. Probablemente necesitas hablar inglés para mejorar en tu carrera profesional. Quizás quieras viajar a varios países o estudiar en el extranjero. Tú sabes que el inglés es la llave para los negocios internacionales y los viajes internacionales. Así que, déjame preguntarte algo.

¿Te sientes nervioso o tímido cuando hablas inglés? ¿Aún batallas para entender lo que alguien está diciendo, a pesar de años de estudio? ¿Te sientes apenado por tu pronunciación o preocupado por hablar inglés demasiado lento? ¿Estás frustrado de que a pesar de todo el tiempo que has invertido en aprender inglés sigues todavía sin poder hablarlo? No obstante tus objetivos trazados ¿Es difícil para ti aplicar realmente el inglés en tu trabajo, viajes, o en tus estudios? ¿A veces sientes que jamás podrás dominar el inglés hablado?

Si has contestado *sí* a cualquiera de estas preguntas, no estás solo. De hecho, eres bastante típico. La mayoría de los estudiantes de inglés sienten lo mismo. La mayoría de los estudiantes adultos de inglés están frustrados por su habilidad para hablarlo. Algunos se sienten completamente desesperanzados y sienten que nunca serán capaces de dominar el inglés. No porque sean malos para aprender idiomas, sino porque, como tú, se les han enseñado usando los métodos equivocados.

Lo bueno es que no tiene que ser así. No hay nada malo en ti. Tú puedes aprender inglés naturalmente y con facilidad. Tú puedes usar el inglés eficazmente en tu trabajo, viajes, y estudios. Te puedes sentir relajado y seguro todas las veces que hables inglés. De hecho, como profesor de inglés de mucho tiempo, he ayudado a miles de estudiantes en todo el mundo a que logren hablar inglés fluida y certeramente.

¿Cómo lo hice? Lo hice usando un método de enseñanza que desarrollé y que se llama Effortless English". Effortless English" te permite hablar inglés natural y automáticamente –en la forma en que los niños aprenden antes de entrar a la escuela–. Demasiado seguido, las clases de inglés se enfocan tanto en exámenes, libros de texto, calificaciones y "niveles", que a los estudiantes se les olvida porqué están allí. Se les olvidan los objetivos verdaderos de lograr tener una carrera más exitosa y de viajar internacionalmente. Con Effortless English" nunca pierdes de vista el hecho de que el fin último de aprender un idioma es la comunicación. Al contrario, tú aprendes a hablar inglés en forma rápida y más precisa.

¿Inglés sin esfuerzo?

Entiendo que seas escéptico –en particular si has estado tratando de aprender inglés de la manera tradicional–. Le has invertido horas: memorizando listas de vocabulario, haciendo ejercicios gramaticales, leyendo libros de texto aburridos. "¿Cómo?", pensarás, "¿puede ser posible hablar inglés sin esfuerzo?".

Créeme, siento tu molestia.

Cuando empecé a enseñar inglés hace 15 años, mis estudiantes se emocionaban cuando empezaban a conversar en inglés. Y yo estaba emocionado en ayudarlos. En esa época, daba las clases de inglés en la forma tradicional. Utilizaba libros de texto y me concentraba en enseñar gramática. Pensaba que era la mejor manera de enseñar, y ninguno de mis estudiantes se quejaba.

Aún recuerdo a una estudiante, particularmente inteligente, de Venezuela, llamada Gladys. Gladys estaba decidida a hablar inglés bien. ¡Cómo se esforzaba! Gladys asistía a todas y cada una de mis clases. Siempre se sentaba en la primera fila, en el centro. Aún la puedo visualizar con su expresión deseosa y sonriente. Tomaba notas al detalle. Escuchaba absolutamente todas las palabras que yo decía. También estudiaba en casa. Todos los días, Gladys estudiaba sus libros de texto durante cuatro horas o más. También trataba de aprender cincuenta palabras nuevas de vocabulario cada vez memorizando listas de palabras. Gladys era mi estudiante estrella y yo, también, estaba seguro de que tendría éxito.

Sin embargo, seis meses después, apenas si podía hablar inglés. Titubeaba al hablar y lo hacía de manera forzada. Constantemente cometía faltas gramaticales en las oraciones más simples. Su pronunciación era difícil de entender. Seguía pensando en español y trataba de traducirlo al inglés cuando hablaba. Lo peor, Gladys se sentía nerviosa cada vez que trataba de hablar inglés. Hablar inglés era una experiencia dolorosa para ella.

Gladys estaba extremadamente frustrada. Después de mucho esfuerzo, apenas había mejorado. Como su maestro, también yo estaba frustrado. Yo estaba seguro que Gladys mejoraría rápidamente y no podía entender porqué no lo había logrado. Seguí todos los métodos de enseñanza tradicionales. Utilicé libros de texto estándar y actividades estándar en clase. Gladys era inteligente, disciplinada y constante, y sin embargo, su inglés apenas había mejorado.

Tristemente, me di cuenta que Gladys no era la única que no había mejorado. Sus compañeros de clase también habían mejorado muy poco. Era frustrante, y me sentía un completo fracaso como maestro. Pero cuando solicité ayuda a mis colegas, resultó que ellos también tenían el mismo problema: ¡muy pocos de sus estudiantes estaban mejorando! En ese momento me di cuenta de que algo estaba mal –algo *está* mal con los métodos estándar de enseñar inglés. Lo peor para mí era que todos mis colegas habían aceptado la situación como "normal". Los otros maestros no se veían preocupados sobre la falta de progreso de sus estudiantes. Todos ellos estaban usando los mismos métodos y obteniendo los mismos resultados pobres.

En casi todo el mundo, los estudiantes estudian inglés en escuelas durante años. Pero la gran mayoría de ellos nunca aprenden inglés bien. Después de años de estudio, siguen teniendo problema con sus conversaciones comunes en inglés. Se siguen sintiendo nerviosos e inseguros al hablar.

Pocos años después de mi experiencia con Gladys, conseguí un trabajo como asistente de profesor de inglés en Japón. Estaba entusiasmado y ávido por ayudar a esos jóvenes estudiantes a que aprendieran mi idioma. Aún recuerdo mi primer día. Yo estaba sentado al frente de la clase, al lado de la profesora titular, quien era japonesa. Conforme los estudiantes llegaban al salón de clases, al verme externaban una risilla nerviosa. Se sentaron y continuaron viéndome tímidamente. Eran dulces y curiosos.

Y empezó la clase. La profesora escribió una oración en inglés en el pizarrón. No recuerdo bien la frase, pero era algo como "The little girl goes to school" ("La niña pequeña va a la escuela".). La profesora señaló la frase y empezó a hablar en japonés. Los estudiantes tomaron sus cuadernos y empezaron a escribir. Todos estaban muy serios.

Después, la profesora circuló "goes". Señaló la palabra y continuó hablando en japonés. Hablaba, hablaba y hablaba en japonés. Los estudiantes escribían rápidamente, llenando de información sus cuadernos. Finalmente, la profesora dibujó una línea desde la palabra "goes" hasta la palabra "girl". Y continuó hablando más y más, en japonés.

Yo estaba totalmente confundido. Soy una persona que habla inglés de nacimiento, y estaba sentado en una clase de inglés para principiantes. Y aun así no pude entender nada en la clase (salvo la frase mencionada). Pensaba para mí: "¿de qué podría estar hablando tanto la profesora?". Era una sola frase. No obstante, la profesora se la pasó una hora entera analizando, explicando y diseccionando una simple frase. Finalmente, al final de la clase, la profesora me pidió leer la frase en alto para "la pronunciación". Leí la frase un par de veces, y fue el único aprendizaje real en inglés que los estudiantes recibieron ese día.

Tristemente, este mismo patrón se repitió todos los días. Día tras día, observé desaparecer el entusiasmo y curiosidad de los estudiantes. Terminaron aburriéndose. Terminaron estresados y confundidos. Todos los días escribían páginas de notas, casi todas en japonés. Todos los días la profesora hablaba y hablaba y hablaba, la mayor parte en japonés. No podía entender porqué una clase en inglés se estaba enseñando principalmente en japonés. Durante una clase típica, los estudiantes escuchaban japonés 90% del tiempo, o más. Escuchaban muy poco inglés. ¡No me extraña que nunca aprendieron a hablarlo! No me extraña que se sintieran frustrados y confundidos.

Honestamente, me rompía el corazón observar cómo la escuela aplastaba el amor natural por aprender de esos estudiantes. Era terrible mirarlos aburrirse, frustrarse y estresarse cada vez más. Y seis meses después, ninguno de los estudiantes podía hablarme en inglés en lo absoluto, ni siquiera en la más simple de las conversaciones. Este tipo de situación se repite en las clases de inglés en todo el mundo.

Mis experiencias con Gladys y en Japón me convencieron que la educación tradicional del idioma inglés no funciona. Sabía que debía haber una mejor forma de ayudar a mis estudiantes a hablar inglés que lo que estábamos haciendo. Así que empecé la búsqueda de un mejor método. Devoré libros sobre la enseñanza del inglés. Constantemente experimenté nuevos métodos en mis clases. Leí sobre estudios de investigación. Viajé y enseñé inglés en otras partes del mundo.

Lo que me sorprendió era lo poco que la investigación real apoyaba los métodos tradicionales de enseñanza. El profesor lingüista eminente de la University of Southern California, Stephen Krashen, señaló: "Aprendemos un lenguaje cuando entendemos lo que la gente nos dice y cuando leemos… no hay necesidad de memorización deliberada". Si la mayor parte de nosotros sabemos intuitivamente que la mejor forma de aprender inglés es la natural, me pregunto por qué tantos profesores y estudiantes todavía escogen usar métodos de enseñanza innaturales, ineficaces y anticuados.

Posteriormente, regresé a la escuela y obtuve la maestría en Teaching English to Speakers of Other Languages (TESOL). Al mismo tiempo, hice más investigación y descubrí los increíbles nuevos métodos que llegarían a ser la base del programa Effortless English™.

También hice mi propia investigación informal. Busqué gente que hablaba muy bien el inglés y que lo habían aprendido inglés siendo adultos. Cada vez que encontraba a una de estas personas, la entrevistaba. Con el tiempo, me di cuenta de ciertos patrones. La mayoría de estos angloparlantes exitosos eran estudiantes independientes que habían dominado el inglés fuera de la escuela. La mayor parte, había usado métodos similares, exactamente los mismos métodos que apoyaban mi investigación durante la maestría. La mayor parte evitaba los métodos tradicionales utilizados en casi todas las escuelas.

Cambié mi enseñanza, y cuando apliqué estas nuevas estrategias en las clases, mis estudiantes mejoraron rápidamente. ¡No lo podía creer! Aprendieron a hablar fácil y efectivamente. Y, aún mejor, ¡lo estaban disfrutando! Después de años de búsqueda y experimentación, había encontrado finalmente métodos que funcionaban.

Inglés sin esfuerzo, hoy

A lo largo de los años, he continuado probando y adaptando los métodos mencionados y desarrollado el sistema Effortless English™. He organizado el programa para incluir siete reglas esenciales para aprender inglés, las cuales han llevado a la fluidez en inglés a innumerables estudiantes. Para afianzar el éxito de mis clases, he creado cursos de audio y comencé a ofrecerlos en línea a los estudiantes alrededor del mundo. Mis lecciones de audio son actualmente *bestsellers* en 25 países.

Adicionalmente, fundé el Effortless English Club™ para crear una comunidad internacional de aprendizaje en inglés donde los estudiantes pueden comunicarse con otros miembros. Quise crear un ambiente que impulse la confianza y el éxito para aprender inglés porque muchos estudiantes batallan con su nerviosismo, timidez, frustración y miedo cuando lo hablan. De hecho, para mucha gente, estas emociones negativas son la peor parte de hablar en inglés.

En nuestro Effortless English Club", los estudiantes son capaces de interactuar en foros y hablar en línea con cualquiera. Es una comunidad en extremo positiva y alentadora donde cada quien es libre de "jugar con el inglés", cometer errores, y comunicarse sin miedo. En mi opinión, tenemos a los mejores miembros del mundo. Cada uno de nuestros miembros se concentra no sólo en su propio éxito, sino también en ayudar a otros miembros que alcancen también el éxito. El resultado es una "familia" de apoyo formada por estudiantes y líderes internacionales.

Este libro es otro recurso para los estudiantes que buscan hablar inglés con eficacia y fluidamente. Está diseñado para guiarte en el camino de la fluidez, para acelerar tu viaje hacia el inglés hablado sin esfuerzo, con confianza y eficacia. En este libro aprenderás cómo reprogramar tus emociones negativas acerca del inglés, desarrollar confianza cuando hablas, y seguir un camino seguro a la fluidez. También aprenderás cómo usar el inglés para mejorar tu carrera y alcanzar el éxito que quieres.

En los próximos capítulos, describiré en detalle el sistema Effortless English", explicaré la filosofía detrás de éste, y te diré porqué tanto la psicología como el método son importantes para el aprendizaje de idiomas. También te diré exactamente cómo usar el sistema para alcanzar tus metas.

Únete y disfruta este viaje. Realmente no tienes nada que temer dejando atrás el viejo sistema educativo. Así que libera tus presiones, el estrés, el miedo y la aburrición. Te prometo que este sistema de aprendizaje natural es divertido, amigable y energético –lo opuesto a la mayoría de los salones escolares–. No hay presión, –sólo estímulo y apoyo amistoso–.

Confía en mí. He ayudado a estudiantes de todo el mundo… y ahora estoy ansioso por ayudarte. Te prometo que siempre daré lo mejor de mí para ayudarte a hablar un excelente inglés.

NO ES INGLÉS "PEREZOSO"

Entonces, ¿qué es Effortless English™ (Inglés sin Esfuerzo)? Por "sin esfuerzo" no quiero decir que aprendes inglés de manera perezosa. Por el contrario, "inglés sin esfuerzo" va a ser el resultado del trabajo que le dediques a diario. Siguiendo mi sistema, lograrás progreso y el resultado de hablar inglés naturalmente y "sin esfuerzo" (sin forzamiento, sin estrés, titubeos o nerviosismo).

En otras palabras, "sin esfuerzo" es el resultado, no el comienzo. Tu meta es hablar inglés sin esfuerzo. Tú quieres que tus palabras fluyan sin pensarlo, sin traducirlas, sin preocupación o titubeos. Tú quieres hablar inglés exactamente como hablas tu propio idioma. Hablar sin esfuerzo es el resultado final, y ¡a veces implica mucho esfuerzo llegar a hablarlo sin esfuerzo!

Es posible, sin embargo, disfrutar completamente ese esfuerzo. El ejemplo que me gusta usar es aquel de un atleta o artista "en la zona". "En la zona" significa desempeñarse excelentemente y sin esfuerzo. Cuando un atleta o artista están "en la zona" en cierta forma están trabajando muy duro –ejerciendo gran cantidad de energía, impulso, concentración total–. Sin embargo, cuando lo están disfrutando y están completamente concentrados, SIENTEN su actividad sin esfuerzo. No existe sentimiento de forzamiento, tensión, etc.

El nombre Effortless English™ fue inspirado por la idea taoísta del "wu wei" o *esfuerzo sin esfuerzo*. Es una descripción de ése estado de flujo en el que puedes estar haciendo mucho esfuerzo y sin embargo sientes estarlo haciendo totalmente sin esfuerzo y en forma natural, sin forzarte.

Así que el punto es que Effortless English™ no se trata de flojera, soluciones mágicas, o estafas… sino más bien se trata de encontrar ése estado de "esfuerzo sin esfuerzo" o "wu wei". Effortless English™ significa que hablas inglés con fluidez. Que no sufres para hablarlo. Que no te sientes nervioso o estresado. No piensas en reglas gramaticales o traducciones.

Cuando hablas inglés sin esfuerzo, comunicas tus ideas claramente. Expresas tus sentimientos poderosamente. Te concentras en conectarte con otras personas, no en conjugar verbos. Disfrutas completamente el proceso de hablar inglés al trabajar, viajar y al aprenderlo.

CAPÍTULO 2
El problema con las escuelas

Mis experiencias como maestro en diferentes lugares del mundo me convencieron que a veces algo está mal con la educación del inglés. A cualquier parte adonde fui, era la misma situación. Los estudiantes aburridos, frustrados, estresados y nerviosos. La mayoría, después de años de estudiar inglés, fracasaban al querer hablarlo con fluidez. No estás solo, porque es un problema global.

Una de mis estudiantes, Seiko, de Japón, describió esta combinación de fracaso y estrés como "el trauma del inglés". Seiko decía que odiaba el inglés. Sentía que aprenderlo era aburrido y estresante, y que hablarlo era aun peor. De hecho, el pensar en hablarlo con algún nativo del idioma la hacía sentir inmediatamente nerviosa y apenada. Seiko sentía que había desarrollado un problema psicológico con el idioma inglés y lo llamó "el trauma del inglés". Un "trauma" es una herida o lesión profunda. "¡Qué triste!" me decía a mí mismo, "que tanta gente ahora piense que el inglés es una especie de lesión o enfermedad mental".

A lo largo de mi carrera como profesor he conocido muchos estudiantes que han tenido sentimientos similares sobre el inglés. Descubrí que Seiko no era la única. Más bien, que "el trauma del inglés" es una epidemia global. Aunque la mayor parte de la gente piensa que debe aprender inglés, muy pocos parecen disfrutarlo. La mayoría que aprende el idioma sufre con los mismos sentimientos de nerviosismo y frustración que tenía Seiko.

Conforme me encontraba con este problema cada vez más y más. Empecé a buscar las causas de raíz. Me di cuenta que antes de que encontrara una solución, necesitaba entender el problema. Tal como un doctor debe diagnosticar un padecimiento antes de tratarlo. Piensa en el problema. ¿Cuál es la causa de todo este sufrimiento y fracaso? ¿Por qué tanta gente fracasa en hablar inglés sin esfuerzo, a pesar de años de estudio? ¿Qué está mal con la educación del idioma inglés?

El primer y más obvio problema que encontré con las escuelas era la forma en la que enseñaban inglés. La mayoría de ellas, en todo el mundo, usan el método de traducción gramatical. Como su nombre lo hace suponer, el enfoque de este método está en el análisis de la gramática y la memorización de vocabulario traducido. Este método desglosa el inglés en una serie interminable de fórmulas gramaticales para memorizar. Claro, cada fórmula gramatical tiene excepciones y éstas deben memorizarse también.

A las escuelas les gusta el método de traducción gramatical porque las hace ver serias, académicas y complejas. Los métodos de traducción gramatical encajan en la forma en que las escuelas enseñan la mayoría de las materias –con libros de texto, conferencias, tomando notas, memorización, y exámenes–. El único problema, como sabes, es que no funciona. En las conversaciones reales, simplemente no hay tiempo para pensar sobre fórmulas gramaticales y sus excepciones. La proporción de fracasos de este método es, en consecuencia, absolutamente horrible. A pesar del fracaso en la mayoría de los estudiantes para hablar inglés fluidamente, las escuelas continúan usando este método. Es un fracaso épico de nuestro sistema de educación.

Recientemente, debido a que los estudiantes sienten que el método de traducción gramatical es tan aburrido, algunas escuelas han añadido "actividades de comunicación" a sus planes de estudios. Ocasionalmente, el maestro agrupa a sus estudiantes en pares o grupos. Los estudiantes entonces leen o repiten diálogos de un libro de texto. A veces pueden contestar unas cuantas preguntas de un papel de trabajo. Por supuesto, estas actividades no son nada naturales, y nada como la conversación real en inglés. Por lo tanto, la proporción de fracaso de las "actividades de comunicación" es tan mala como la traducción gramatical.

Obviamente, los método de enseñanza del inglés usados en las escuelas no funcionan. Eso era fácil de ver. Lo sabía. Los estudiantes lo sabían. Y muchos profesores lo saben también, aunque muy pocos lo admiten.

No obstante, mientras continuaba investigando el problema con las escuelas, encontré problemas aun más profundos en el sistema educativo. Estos problemas son menos obvios, pero de muchas maneras, mucho más dañinos para los estudiantes. Les llamo a estos problemas "el currículum oculto" porque son lecciones escondidas que las escuelas enseñan.

El Currículum Oculto

La mayoría de las escuelas en todo el mundo comparten un curriculum oculto similar. Un elemento de este curriculum es la pasividad del estudiante. En escuelas, los estudiantes son entrenados a ser pasivos, no activos. Se sientan en sillas, en filas. Cuando son jóvenes, se les dice que estén callados y obedezcan al maestro. Conforme el maestro da la clase, los estudiantes toman notas. Después, se les indica que memoricen tales notas como preparación para un examen. El mensaje es claro: el aprendizaje es una actividad pasiva. Escuchas al profesor, tomas notas, memorizas las notas.

El problema es que hablar inglés no es una actividad pasiva. Debes conectarte con otra gente. Debes preguntar y contestar preguntas constantemente. Debes comunicar ideas, emociones y descripciones. Debes estar listo para lo inesperado. Debes ser espontáneo. Debes interactuar activamente. El inglés no es algo que estudias pasivamente, es algo que haces.

Relacionado con el problema de la pasividad está el tema de la energía. Estar sentado por largo tiempo es una actividad de poca energía. Cuanto más tiempo estés sentado, más disminuye tu energía. Y a medida que tu energía cae, también lo hace tu concentración. Lo que es peor, nosotros sabemos que algunos estudiantes requieren movimiento físico para aprender efectivamente. Esta gente es llamada "estudiantes cinestéticos". La verdad es todos somos "estudiantes cinestéticos" en algún grado, porque todos nos beneficiamos del movimiento físico. Las escuelas nos plantan en sillas y drenan nuestra energía. Con el tiempo, un cuerpo inactivo conduce a una mente inactiva.

La mentalidad de sólo una respuesta correcta

Una de las grandes fallas de la educación escolar es la idea de "una sola respuesta correcta". Una sola respuesta correcta es una parte importante del Currículum oculto. Es resultado de usar libros de texto y exámenes.

En la escuela, te enseñan frecuentemente que sólo hay una, y sólo una, respuesta correcta a una pregunta o problema. Por ejemplo, te pueden pedir que escojas el tiempo correcto de un verbo en un examen o te pueden enseñar la forma "apropiada" de saludar. El mensaje oculto es que la forma que usa el profesor es siempre la correcta.

La vida real, el inglés real, no son así. Por ejemplo, a veces te contaré una cuento usando tiempo presente, aun cuando los sucesos hayan ocurrido en el pasado. Ésta, es una técnica comúnmente usada por la gente de habla inglesa. Sin embargo, cuando los estudiantes escuchan estos cuentos, muchos se confunden y se molestan. Están convencidos que el tiempo pasado es la "respuesta correcta" y la única forma correcta de contar un cuento. Algunos se molestan bastante e incluso me discuten al respecto. Estos estudiantes están tan convencidos de que únicamente hay "una respuesta correcta", ¡que lo discutirán con sus profesores nativos del idioma!

Estos estudiantes han sido entrenados para creer que sólo hay una forma correcta para decir las cosas en inglés. La verdad es que siempre hay muchas formas de decir la misma cosa. Podemos cambiar los tiempos de los verbos para cambiar el sentimiento de un cuento. Podemos usar diferente vocabulario y diferentes frases. E incluso ¡podemos romper reglas gramaticales todo el tiempo! Pensar en "una respuesta correcta" limita y confunde a los estudiantes de inglés. La comunicación efectiva requiere flexibilidad, mientras que la mentalidad de "una sola respuesta correcta" entrena a los estudiantes a ser rígidos y sin imaginación.

Ligado a este problema hay otra parte peligrosa del Currículum oculto: el miedo a cometer errores. Este es uno de los mensajes más negativos y traumatizantes que se enseñan en las escuelas. ¿Cómo se enseña el miedo a tener errores? Por medio de exámenes y correcciones. En casi todas las escuelas alrededor del mundo, los profesores aplican regularmente acertijos y exámenes. El profesor hace preguntas y los estudiantes deben dar la única respuesta correcta. Por supuesto que la respuesta correcta es siempre la respuesta del profesor.

¿Qué pasa si los estudiantes dan una respuesta diferente? Son castigados con una calificación más baja. Los estudiantes son inteligentes, y rápidamente entienden que en la escuela los errores son malos y que deben de ser evitados. También entienden que la verdad no es importante y que la mejor manera de triunfar consiste simplemente en dar la respuesta que el profesor quiere. Aun peor es cuando un estudiante, sintiéndose de por sí nervioso, trata de hablar en inglés frente a la toda la clase que lo va a escuchar. Sólo están aprendiendo y por supuesto cometerán errores. Cuando el profesor corrige estos errores, el estudiante se avergüenza y se pone aun más nervioso. Posteriormente, la mayor parte de los estudiantes tratarán de evitar hablar inglés porque la situación es muy penosa.

Castigando y corrigiendo errores, las escuelas castigan el tomar riesgos. Poco a poco, entrenan a los estudiantes a evitar riesgos y evitar hacer cualquier cosa que no hagan perfectamente. Pero no hay perfección cuando se habla inglés. Incluso, quienes nacieron hablando inglés cometen errores. Nosotros cometemos errores gramaticales. Pronunciamos mal palabras. Se nos olvidan palabras de vocabulario. No importa, porque estamos concentrados en comunicar, no en pruebas y calificaciones.

Por supuesto que el miedo a cometer errores va más allá de las clases de inglés. Después de años de escuela, la mayoría aprende a evitar los riesgos en la mayor parte de sus vidas. La escuela los entrena a hacer pasivos, rígidos, tímidos y obedientes. Esto no sólo daña tu inglés hablado, también afecta negativamente tu carrera y limita tu éxito en todas las áreas de la vida. La fortuna favorece al audaz. Aquellos que son activos, flexibles y apasionados son los que logran el gran éxito en la vida. Los pasivos y obedientes rara vez viven sus sueños.

Cometerás muchos errores a medida que mejorarás tu inglés hablado. No hay porqué sentirse mal por esto. La verdad es que a la mayoría de los que hablan inglés de nacimiento no les importa. A ellos no les importa si cometes errores gramaticales. Solamente quieren comunicarse contigo. Quieren compartir pensamientos, ideas y sentimientos. Quieren comunicarse contigo como un ser humano, no como un "estudiante de inglés". Para comunicarte eficazmente, debes olvidarte de la idea de la perfección y aprender a ser flexible.

El sucio secreto de enseñar inglés

Si el Currículum oculto es tan malo, ¿por qué las escuelas y los profesores siguen usándolo? La verdad sobre nuestro sistema educativo es que este currículum existe para beneficiar a las escuelas, no a los estudiantes. Los maestros usan estos métodos porque son más fáciles para el maestro, no porque sean mejores para el estudiante. El Currículum oculto crea estudiantes pasivos. Crea estudiantes obedientes. Estudiantes pasivos y obedientes son más fáciles de controlar, haciendo más fácil la vida de profesores y administradores de las escuelas.

Los libros de texto, por ejemplo, hacen el trabajo del maestro mucho más fácil. Usando un libro de texto, el profesor no tiene que planear nuevas lecciones para cada clase. El planear clases es un trabajo duro, y un libro de texto lo hace mucho más fácil. El profesor puede simplemente seguir el libro de texto con un esfuerzo mínimo. Muchos profesores son poco más que lectores de libros de texto. A diario leen el libro de texto a sus estudiantes, quienes servilmente siguen las lecciones. En mi opinión, apenas pueden llamarse "profesores". Quizás debiéramos llamarlos "lectores de libros de texto".

Otro beneficio de los libros de texto para las escuelas es que estandarizan el aprendizaje. Al usar un libro de texto, la escuela se asegura que cada clase de inglés está aprendiendo exactamente lo mismo. A los oficiales escolares esto les gusta porque hace que los exámenes y el ranking de los estudiantes sea más fácil. Las escuelas son como fábricas, los jefes quieren que todo sea lo mismo.

Lo mismo aplica para exámenes y calificaciones. Éstos aportan poco o ningún beneficio a los estudiantes de inglés. De hecho, como lo hemos expuesto, los exámenes y calificaciones aumentan el estrés y crean el temor de cometer errores. Los exámenes y calificaciones son una causa primaria del "trauma del inglés". Por otro lado, exámenes y calificaciones son una fuerte herramienta de control para los maestros. Cuando los estudiantes temen calificaciones malas, obedecen más al profesor. Aprenden que el profesor está siempre tiene la razón porque si no están de acuerdo con su respuesta, son castigados con calificaciones más bajas.

Las calificaciones son un medio de establecer rankings de estudiantes. La mayoría de los maestros y administradores se concentran más en rankings, que en ayudar a los estudiantes a que triunfen. En muchas escuelas, la política oficial es que cierto porcentaje de los estudiantes en cada clase obtengan calificaciones bajas, cierto porcentaje debe tener calificaciones "término medio", y únicamente un pequeño porcentaje puede obtener calificaciones excelentes. En otras palabras, el sistema está diseñado para crearles fracaso a un gran número de estudiantes.

Cuando estuve trabajando en una universidad en Tailandia, mi jefe me dijo sin rodeos que demasiados estudiantes habían logrado altas calificaciones. Mi jefe me insistió en que reprobara a más estudiantes de mi clase. Quedé en shock y enojado. Renuncié al trabajo antes que reprobar estudiantes a propósito. Tristemente, esta mentalidad de "diseñando para reprobar" está presente en la mayoría de las escuelas en todos lados del mundo. Las escuelas se benefician dando rankings y controlando estudiantes.

El método de traducción gramatical también beneficia al profesor pero no al estudiante. Al enseñar reglas gramaticales, el profesor puede dar clases simplemente con el libro de texto. Dado que la lingüística es una materia complicada, el profesor se muestra con altos conocimientos y por lo tanto establece una posición de superioridad con sus alumnos. Aun si el maestro no es de habla inglesa de origen y tiene una terrible habilidad con el inglés, él o ella pueden pretender ser expertos mediante la enseñanza de gramática compleja derivada de un libro. La impactante verdad es que muchos profesores de inglés, cuya lengua madre no es el inglés, hablan inglés muy pobremente. Al enfocarse en la gramática disfrazan su falta de habilidad para hablar bien el inglés.

¿Qué hay acerca de las actividades de comunicación? Seguramente están diseñadas para ayudar a los estudiantes. Realmente, no lo están. Estas actividades, como lo hemos señalado anteriormente, no son naturales. No tienen nada que ver con una conversación real, y por lo tanto, no preparan a los alumnos a tener conversaciones reales. Sin embargo, las actividades de comunicación son lo máximo para los profesores. El maestro coloca alumnos en pares o grupos y les pide que sigan la actividad de un libro de texto. Con frecuencia, los estudiantes simplemente leen un diálogo escrito de un libro o contestan preguntas pre-escritas del libro. La ventaja para el maestro es que una vez que tal actividad empieza, puede descansar y no hacer nada. Cuando los alumnos entran a la actividad del libro de texto, el maestro descansa. Es un secreto entre los profesores de inglés que las actividades de comunicación son una buena forma de perder el tiempo y evitar trabajar.

Una versión particularmente horrible de las actividades de comunicación es el uso de películas. Usadas correctamente, las películas pueden ser una herramienta potente de aprendizaje. La mayoría de los profesores, sin embargo, las usan simplemente como una forma de perder el tiempo. Ponen una película, apagan las luces, y oprimen el botón de encendido. En lo que queda de la clase, el profesor, felizmente, no hace nada. Los estudiantes también se ponen felices porque ver películas es mucho más interesante que la gramática, aunque no puedan entender la mayor parte de la película.

La energía baja y pasiva beneficia al profesor

Finalmente, veamos la situación de poca energía en la mayoría de las escuelas. Desde niños, los alumnos son forzados a estar sentados en sillas por horas, sin moverse. Se les indica que deben estar quietos y estar callados. En la adultez, la mayor parte de la gente está completamente entrenada. Aceptan clases pasivas y de energía baja, como una parte normal del aprendizaje.

¿Por qué querrán escuelas y profesores poca energía? De nuevo, porque los estudiantes con poca energía son fáciles de manejar. Un profesor tiene que trabajar mucho más duro con estudiantes curiosos y llenos de energía. Tristemente, la mayoría de los maestros prefieren la forma fácil. Es mucho más fácil para ellos dar clases tranquilas a estudiantes pasivos.

La verdad es que muchos profesores están cansados y estresados. Por esto, constantemente buscan formas de hacer su trabajo más fácil. Su principal preocupación no es los estudiantes. No están obsesivamente concentrados en conseguir mejores resultados para los alumnos. Más bien, sólo quieren terminar su día laboral lo más fácilmente posible.

Esta situación se debe a muchas razones, pero el resultado final para los estudiantes es la aburrición, la frustración y los pobres resultados.

Ésta, es la horrible verdad de la educación. Ésta, es la razón por la que no puedes hablar inglés bien, a pesar de años de estudio. Ésta, es la razón por la que encuentras el inglés estresante, difícil y aburrido. Ésta, es la causa del trauma del inglés. Éste, es el origen del problema.

Felizmente, hay una solución. El internet ha hecho que el aprendizaje independiente sea fácil para todos. No importa dónde vivas o qué hagas, es posible dominar el inglés hablado sin escuelas. ¡Todo lo que necesitas es una conexión a internet!

En el próximo capítulo, voy a presentarte la solución al trauma del inglés. Aprenderás cómo curarte, y finalmente, cómo obtener los resultados que deseas para hablar inglés.

CAPÍTULO 3

La psicología es más importante que la gramática y el vocabulario

La mayoría de la gente ha sufrido con el inglés por tanto tiempo que temen que no haya solución. Entrenados por las escuelas para ser pasivos, temerles a los errores, buscar una sola respuesta correcta, la mayor parte de los que aprenden inglés están estresados y frustrados. Algunos están casi desesperanzados. Han pasado años en los salones de clase. Han pasado años memorizando reglas gramaticales y listas de vocabulario. Han pasado años preparándose para exámenes como el TOEFL, IELTS o el TOEIC.

A pesar de todo este trabajo y esfuerzo, la mayoría de los estudiantes están frustrados e incluso sufren con las conversaciones más sencillas. Muchos se sienten nerviosos siempre que deben hablar inglés. Han memorizado innumerables reglas gramaticales, y sin embargo, la más simple de las conversaciones se les hace difícil. De igual forma, aun habiendo cursado años de estudio, la mayoría todavía no puede entender programas de televisión americanos o películas en inglés.

Después de tantos años de aprendizaje tradicional, los estudiantes están confundidos. Cuando tratan de hablar, constantemente piensan en la gramática y en traducir. Primero, piensan una oración en su propio idioma y después la traducen al inglés, después piensan en la gramática, y finalmente, hablan.

Cuando escuchan, atraviesan por un proceso similar. Escuchan el inglés, lo traducen a su propio idioma, piensan en una respuesta en su propio idioma, traducen la respuesta al inglés, y piensan acerca de la gramática para estar seguros si su respuesta es correcta. No es de extrañar que su forma de hablar sea ¡tan lenta y tan poco natural! No es de extrañar que el inglés les sea ¡tan estresante y difícil! Las conversaciones comunes son rápidas, y es casi imposible pensar en todo esto lo suficientemente rápido, en especial cuando hablan con alguien de habla inglesa.

Si piensas en traducciones y gramática durante una conversación común y corriente, rápidamente te perderás. En vez de escuchar con atención a la otra persona, estarás traduciendo tus propias respuestas y tratando de recordar la gramática. Tu lenguaje será titubeante. Con frecuencia, la otra persona llegará a frustrarse por tu falta de comprensión. Por supuesto, si ves que la otra persona está perdiendo la paciencia, te pondrás aun más nervioso. Es una terrible espiral descendente que la mayor parte de los que están aprendiendo inglés conocen muy bien.

Hay una solución. Hay una manera de escapar del currículum oculto. Hay un camino a la fluidez en inglés y tú lo puedes tomar. Tú puedes hablar inglés con eficacia. Puedes hablar inglés clara y naturalmente, y sin esfuerzo. Esta solución, sin embargo, requiere que cambies por completo tus creencias sobre el aprendizaje en inglés y que cambies por completo la forma en que lo has aprendido.

Yo le llamo a esta solución el sistema Effortless English™ y tiene dos partes: la psicología y el método. La mayor parte de las escuelas, profesores y estudiantes de inglés, se concentran sólo en el método. En otras palabras, únicamente se concentran en partes del idioma: el vocabulario y la gramática. Como aprendimos en el último capítulo, las escuelas usan básicamente el método de "traducción gramatical", con algunas "actividades de comunicación" adicionadas.

Mientras las escuelas están enfocadas en un solo método, están ignorando la primera parte del sistema Effortless English¨: la psicología. No obstante, la psicología es probablemente el elemento más importante del éxito para hablar inglés. Cuando piensas en tu manera particular de hablar inglés, te darás cuenta de que tu nerviosismo, falta de confianza y la frustración, son problemas mayores. ¿Cómo los cambias?

Sin un sistema psicológico efectivo, tendrás dificultades para tener éxito aun con el mejor método de enseñanza de idiomas. Usemos un cuento para entender estas dos importantes partes del sistema Effortless English¨. Imagína que estás en un camino. Vas en el camino a la fluidez en inglés.

¿Qué tipo de auto querrías? Digamos que tienes que conducir un auto viejo y lento que frecuentemente se descompone. Además, este auto viejo usa gasolina barata. ¿Qué tipo de viaje tendrás? ¿Qué tan rápido podrás ir en este camino a la fluidez en inglés? Lo más probable es que tu viaje sea lento y frustrante, con descomposturas frecuentes. De hecho, probablemente no llegues a tu destino.

Ahora, le podrías poner gasolina de alta calidad a ese auto viejo, pero aun así probablemente te lleve un tiempo largo llegar a tu destino. Una mejor gasolina ayudará un poco, pero aun así probablemente el viaje será lento y frustrante.

Ahora imagina que estás manejando un auto de carreras Fórmula 1 en el camino a la fluidez en inglés. Este auto está hecho para alta velocidad y desempeño. Claramente, irá más rápidamente que el auto viejo y lento. ¿Pero qué sucede si le pones combustible barato y de baja calidad? Probablemente habrá problemas. Los autos de carreras requieren combustible de carreras o no funcionan bien.

Obviamente, lo mejor es ¡ponerle combustible de alta calidad a tu auto de carreras Fórmula 1! Con este auto y ése combustible tu viaje al camino de la fluidez en inglés será rápido y emocionante.

Así es como funciona aprender inglés. Si lo has estado estudiando por algún tiempo, ya sabes que hay todo tipo de sistemas. Clases tradicionales en las universidades. Lecciones privadas de escuelas de inglés. Cursos online o paquetes de software. Programas de inmersión en los que te colocan en países donde se habla el idioma que estás estudiando. En otras palabras, tienes para escoger una gran cantidad de autos diferentes. Algunos pueden ser mejores que otros, algunos pueden ser más rápidos. Pero aun el mejor método, el Ferrari de las enseñanzas de idiomas, requiere combustible para que funcione.

Después de todo, un método, es sólo un motor. Y si no le das a un motor el combustible adecuado, aun un gran auto no funcionará de la manera que te gustaría. Para lograr el éxito, necesitas las dos cosas: combustible de calidad y un motor poderoso.

El motor correcto + el combustible correcto = éxito

Obviamente, yo creo que la máquina correcta sería el sistema Effortless English™.

¿Cuál es el combustible? El combustible es tu psicología. Es tus creencias, emociones y objetivos los que le dan vigor a tu aprendizaje. Tu combustible es tu motivación, tu confianza, tu energía, tu entusiasmo.

Tu combustible: psicología del éxito

Si tu psicología es débil, incluso el mejor método fallará. En otras palabras, si has conectado estrés, miedo, nerviosismo y duda al proceso de hablar inglés, tendrás muchos problemas. Desafortunadamente, esto es exactamente lo que sucede en la mayoría de las escuelas. Los exámenes, las correcciones de errores, y los métodos aburridos e inefectivos usados en las escuelas, se combinan para crear poderosas emociones negativas en la mayor parte de los estudiantes.

Aun si estás usando mi método Effortless English¨, debes tener una psicología fuerte. No será suficiente a menos que traigas tu propia energía emocional al proceso de aprendizaje del idioma.

El sistema Effortless English¨ está basado en un sistema de psicología del éxito conocido como Programación Neuro-Lingüística, o PNL. Desarrollada por Richard Bandler y John Grinder, la PNL se enfoca en la psicología del éxito, alto desempeño y motivación. En vez de estudiar a gente mentalmente débil, Bandler y Grinder investigaron la psicología de la gente más exitosa del mundo. Entonces crearon un sistema psicológico diseñado para ayudar a los individuos a lograr los más altos niveles de éxito y felicidad en sus vidas.

Lo que Bandler y Grinder encontraron fue que la gente feliz, motivada y llena de energía, aprende realmente mejor. Se desempeña mejor. Logra más éxito en todos los aspectos de su vida. Lo opuesto es también cierto: si te sientes aburrido, estresado, triste, frustrado o incluso cansado, tu cerebro funciona en realidad más lentamente y se le dificulta más recordar la información.

Claramente, es importante conectar emociones positivas en vez de emociones negativas al proceso de aprender y hablar inglés. El proceso de conectar emociones a una experiencia o proceso se llama anclaje. El anclaje puede ser positivo o negativo. Por ejemplo, imagina que escuchas alguna canción cuando te sientes extremadamente feliz. Si la emoción es lo suficientemente fuerte, se creará una conexión entre la canción y la emoción, Y si estás sintiéndote muy feliz cuando escuchas de nuevo la canción, esa conexión se volverá más fuerte.

Posteriormente, crearás una conexión muy fuerte entre la canción y el sentimiento de felicidad. En ese momento, cada vez que escuches la canción, automáticamente estarás sintiéndote feliz. Eso es lo que sucede con tus canciones favoritas ¡y eso es fabuloso!

Sin embargo, este proceso también funciona con las emociones negativas. Imagina que tienes una experiencia estresante en la clase de inglés. Quizás tu profesor corrige uno de tus errores cuando estás hablando y te avergüenzas. Ahora imagina que continúas teniendo una serie de experiencias emocionales negativas en las clases de inglés. Frecuentemente te sentirás aburrido, nervioso y estresado mientras aprendes y usas el inglés.

Posteriormente, se forma una fuerte conexión entre el inglés y las emociones negativas. Ésta, es un ancla negativa. Una vez que se forma, cuando sea que tratas de usar el inglés, automáticamente empiezas a sentirte más nervioso y estresado. Por esta razón muchos estudiantes avanzados de inglés aún tienen tantos problemas cuando tratan de hablarlo.

Tristemente, la mayoría de los estudiantes de inglés hoy tienen anclas negativas conectadas a su inglés hablado. La buena noticia es que las anclas negativas pueden romperse y reprogramarse. Esto es, de hecho, tu primer paso hacia hablar inglés eficazmente.

En lugar de sentirte nervioso, imagínate si de repente y automáticamente te sientes con vigor cada vez que hablas inglés. ¿Qué pasaría si automáticamente te sintieras más emocionado cada vez que aprendieras inglés? Por sí solo, este cambio mejoraría tu forma de hablarlo.

Mediante el poder del anclaje, tú puedes, en verdad, conectar estas poderosas emociones con el inglés. El secreto para romper un ancla negativa y crear una nueva y positiva, es la intensidad. Cuanto más fuertemente se sienta una emoción (al usar el inglés), más rápida y profunda será la conexión.

Así que, para crear un ancla positiva fuerte para el inglés, se requiere de unos pocos pasos.

Primero, debes crear una emoción positiva muy intensa. La mayor parte de la gente cree que las emociones son algo que les sucede, pero en realidad, nosotros creamos nuestras emociones. Es posible escoger tus emociones y crearlas conscientemente.

Por ejemplo, si desearas sentirte cansado y triste ahora mismo ¿qué harías? Empecemos con tu cuerpo. ¿Cómo usarías tu cuerpo para crear un sentimiento de cansancio y tristeza? ¿Echarías tus hombros hacia atrás o los encogerías hacia adelante? ¿Mirarías hacia arriba o hacia abajo? ¿Sonreirías o fruncirías el ceño? De hecho, con solo cambiar tus posturas corporales podrías cambiar tus sentimientos.

Para hacerte sentir aun peor, pensarías en cosas tristes y negativas. Podrías pensar acerca de un problema grande que tienes, o sobre un gran pesar. ¿Y qué hay acerca de tu voz? Podrías gemir, llorar, o gimotear, y esto podría hacerte sentirte peor.

Después de hacer todo lo anterior por unos cuantos minutos, comenzarías a sentirte genuinamente más triste y más cansado. Es así cómo puedes crear conscientemente una emoción negativa.

Por supuesto, este proceso funciona para las emociones positivas también, ¡y esto son buenas noticias! ¿Cómo puedes sentirte más emocionado ahora mismo? De nuevo, empieza con tu cuerpo. Echa tus hombros hacia atrás y levanta y ensancha tu pecho. Levanta tu cabeza y mira de frente. Pon una gran sonrisa en tu cara y mantenla así.

Después, cambia tus pensamientos. Piensa acerca de algo grande

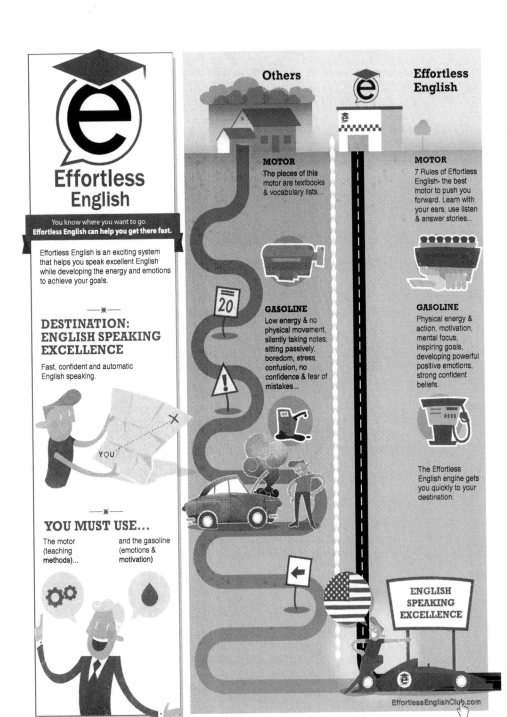

Effortless English

You know where you want to go.
Effortless English can help you get there fast.

Effortless English is an exciting system that helps you speak excellent English while developing the energy and emotions to achieve your goals.

DESTINATION: ENGLISH SPEAKING EXCELLENCE

Fast, confident and automatic English speaking.

YOU

YOU MUST USE...

The motor (teaching methods)...

and the gasoline (emotions & motivation)

Others

MOTOR
The pieces of this motor are textbooks & vocabulary lists...

20

GASOLINE
Low energy & no physical movement, silently taking notes, sitting passively, boredom, stress, confusion, no confidence & fear of mistakes...

Effortless English

MOTOR
7 Rules of Effortless English- the best motor to push you forward. Learn with your ears, use listen & answer stories...

GASOLINE
Physical energy & action, motivation, mental focus, inspiring goals, developing powerful positive emotions, strong confident beliefs.

The Effortless English engine gets you quickly to your destination.

ENGLISH SPEAKING EXCELLENCE

EffortlessEnglishClub.com

en tu vida. Piensa en el mayor éxito que has tenido. Piensa en tu éxito futuro hablando inglés con eficacia. Sonríe aun más. Al principio, sólo lo estarás simulando, pero después te sentirás más fuerte y feliz. Es porque tus emociones cambian cuando tu cuerpo cambia. Es una técnica sencilla.

Claro está, que puedes sentirte todavía mejor usando aun más tu cuerpo. En vez de sólo pararte y sonreír, levanta tus brazos sobre tu cabeza. Ahora, brinca en el aire como celebrando una gran victoria. Y utiliza tu voz. Grita y aplaude fuertemente al brincar y sonríe y piensa en cosas maravillosas. ¡Enloquece! Esto se llama un "estado emocional pico", una emoción intensamente poderosa positiva.

El paso final, por supuesto, es conectar este gran sentimiento con el inglés. Así que, todavía sintiéndote muy bien, empieza inmediatamente a escuchar un audio en inglés fácil. Al escucharlo, continúa sonriendo y moviendo tu cuerpo en forma energética, positiva.

Cada día, poco antes de que empieces a aprender inglés, crearás este pico emocional. Conforme repites este proceso día a día, estos sentimientos fuertes, positivos te harán conectarte con el inglés. Posteriormente, cada vez que escuches o uses el inglés, automáticamente te sentirás energizado, positivo y emocionado. Has roto la vieja ancla negativa y la has repuesto con una positiva.

Y hay más buenas noticias. La investigación ha mostrado que la gente que está emocionada y energizada mientras aprende lo hace más rápidamente. Recuerda más y recuerda más tiempo. Se desempeña mejor. La creación de esta ancla positiva es, por lo tanto, tu primer paso para viajar más rápidamente en el camino hacia la fluidez en inglés.

Porqué los estudiantes felices aprenden más

El doctor Stephen Krashen, un lingüista de la University of Southern California, y uno de los mejores investigadores en aprendizaje de segundas lenguas, cree que las emociones negativas actúan como filtro, reduciendo la cantidad de nuevo lenguaje que eres capaz de aprender. Como resultado, los estudiantes que se sienten mal, ansiosos o preocupados, recuerdan menos vocabulario y no lo hablan tan bien. En esencia, aprenden más lentamente.

La mejor manera de contrarrestar esto, dice Krashen, es manteniendo interesados a los estudiantes, reduciendo el estrés en el salón de clases, e impulsando la autoconfianza de los alumnos.

En un estudio, los investigadores encontraron que cuando comparaban el desempeño de los estudiantes energizados y que disfrutaban estar en clase, contra el desempeño de estudiantes a los que se bombardeaba con material de estudio, los estudiantes energizados lo hacían mejor. Lo mismo fue cuando se evaluó a estos estudiantes de nuevo a los tres y seis meses después.

Yo veo la misma cosa en nuestra comunidad en el Effortless English Club™. Cuando ves a nuestros miembros más exitosos notarás un factor común. Todos ellos son extremadamente entusiastas. Tienen mucha energía. Son muy, muy positivos. Tienen fuertes emociones positivas. Cuando utilizas picos emocionales puedes hablar mejor inmediatamente.

Por lo tanto, en todas y cada una de las veces que estudies inglés, crea un estado emocional pico. Cambia tu cuerpo y enfoque mental para crear emoción y energía positiva. Construye un ancla sólida, una fuerte conexión entre el inglés y tus emociones más positivas. Alivia tu trauma del inglés.

CAPÍTULO 4

Tus creencias determinan tu éxito para aprender inglés

En el último capítulo, aprendiste la importancia del combustible, o psicología, para el éxito en inglés. También aprendiste cómo anclar (conectar) emociones positivas fuertes con el inglés.

Adicionalmente, para elevar emociones, hay otro elemento importante de psicología que debes dominar para hablar inglés con eficacia: creer. Las creencias son nuestros "programas cerebrales" más poderosos. Ellas guían nuestras decisiones, nuestros sentimientos y nuestros pensamientos. Nos dicen qué es posible y qué no lo es. Nos abren al éxito o nos limitan al fracaso.

Podemos agrupar las creencias en dos categorías generales: creencias limitantes y creencias fortalecedoras. Una creencia limitante es típicamente un "programa" negativo que limita tu potencial y desempeño. En otras palabras, creencias limitantes limitan tu éxito.

El currículum oculto es el origen de la mayor parte de las creencias negativas sobre el inglés. Con el tiempo, las escuelas programan consistentemente creencias negativas en la mente de sus estudiantes. Después de años en la escuela, la mayoría de los estudiantes comparte alguna o todas estas creencias limitantes:

- El inglés es complicado y difícil.
- Lleva muchos años hablar inglés bien.
- El inglés es estresante.
- El estudio de la gramática es la clave para hablar inglés.

- No soy bueno para el inglés.
- Sólo hay una respuesta correcta. Sólo hay una forma correcta para decirlo.
- Algo está mal conmigo porque aún no puedo hablar inglés bien.
- Mis calificaciones son bajas, por lo tanto, no puedo hablar inglés bien.
- La mejor forma de aprender inglés es estar sentado en clase, tomar notas, y leer un libro de texto.
- Sólo unas cuantas personas especiales pueden aprender inglés con eficacia.
- Aprender inglés es aburrido y frustrante.

El problema con estas creencias negativas es que nos llevan hacia emociones negativas (acerca del inglés). Las creencias y emociones negativas entonces nos llevan a malas decisiones, y las malas decisiones nos conducen a resultados decepcionantes.

Por ejemplo, alguien que cree que el inglés es estresante, complicado y difícil, es poco probable que esté motivado para trabajar duro todos los días. Más bien, esta persona estará constantemente luchando para forzarse a aprender inglés.

Quienes sienten que sólo unas cuantas personas afortunadas pueden dominar el inglés probablemente se frustrarán muy rápidamente. Asumirán que algo está mal con ellos, que "no soy bueno para el inglés". De nuevo, su progreso será lento.

Finalmente, aquellos que creen que las clases, los libros de texto y el estudio de la gramática son la clave, podrán invertir años usando métodos inefectivos, conduciendo su viejo y lento auto en el camino a la fluidez en inglés y nunca lograrán el éxito.

Esta es la razón por la que las creencias son tan importantes. Son los programas centrales de nuestro cerebro que crean sentimientos, decisiones y acciones. Las creencias son lo que hace la diferencia entre el éxito final o una vida entera de frustración con el inglés.

Las creencias te dicen lo que significa una experiencia. Cuando sea que tengas una experiencia con el inglés, tu cerebro debe decidir el significado de lo que sucedió. En otras palabras, tu cerebro generaliza la experiencia. Tu cerebro decide qué significa el evento para tu vida como un todo. Y con cada experiencia negativa, la creencia puede fortalecerse mucho más. Llegarás a estar seguro de la creencia.

Por ejemplo, quizás fuiste corregido repetidamente por un profesor de inglés. Después de cada una de estas penosas experiencias, tu cerebro tenía que decidir el significado de lo sucedido. Basado en estos eventos, pudo ser que hayas decidido que eras malo para el inglés. Pudo ser que decidiste que el aprendizaje del inglés era doloroso y estresante. Cada experiencia negativa hizo que la creencia se fortaleciera.

El problema es que las creencias entonces afectaron todas tus experiencias que siguieron con el inglés. Así, todas las veces que tenías un encuentro con el inglés, éste tenía siempre las creencias negativas limitantes. Por esto, cada experiencia con el inglés la veías automáticamente más negativa. Si tus creencias son fuertemente negativas y no las cambias, destrozarás completamente tu habilidad para triunfar como una persona que habla inglés. Muchos estudiantes de inglés pierden por completo la esperanza y simplemente lo abandonan y nunca tendrán éxito.

Debes, por lo tanto, reemplazar tus creencias limitantes con fuertes creencias vigorizantes. "Vigorizar" significa "dar vigor". Así que una creencia vigorizante es ¡la que te da vigor!

¿Qué clase de creencias vigorizantes necesitas para tener éxito en hablar inglés?

A continuación una lista con ejemplos:

- El inglés es fácil, divertido y emocionante.
- Puedo hablar inglés fluidamente en aproximadamente seis meses.
- Los errores son normales y necesarios. Incluso, quienes hablan inglés de nacimiento los cometen.
- La comunicación no es resultado de un examen, es el objetivo de hablar inglés.
- El estudio de la gramática mata hablar inglés.
- Cualquiera puede aprender a hablar inglés con fluidez.
- No hay nada malo conmigo. Sólo he estado usando un mal método y eso lo puedo cambiar.

Estoy seguro que puedes ver qué tan fuertes son estas creencias. Puedes ver que quizás estas creencias generan más éxito que las creencias limitantes. Puedes imaginar probablemente el mayor sentimiento de confianza y emoción que crean estas creencias. Pero, ¿cómo creas estas creencias? Sin duda, las creencias vigorizantes son más deseables, pero ¿cómo reprogramas realmente tu mente?

Un método poderoso para cambiar creencias se llama modelización. Modelización significa sencillamente encontrar una persona exitosa y estudiarla cuidadosamente. Si quieres hablar inglés muy bien, por ejemplo, encuentras a personas que aprendieron a hacerlo. Aprenderás sobre ellas. Aprenderás lo que hicieron y cómo lo hicieron. Si es posible, hablas con ellas sobre su psicología y sus métodos. Finalmente, por supuesto, haces tu mejor intento para hacer exactamente lo que ellas hicieron.

Cuanto más estudies a gente exitosa, tanto más tus creencias cambiarán automáticamente. Fijándote en éxitos, en vez de fracasos, gradualmente reprogramas tu cerebro. Por esta razón fundé Effortless English Club. En nuestra comunidad, los miembros más exitosos guían y aconsejan a los nuevos miembros. Si bien deseo que este libro te ayude a cambiar tus creencias, no hay nada más poderoso que escuchar a otra persona, como tú, que ha logrado el éxito.

Tu trabajo consiste ahora en encontrar gente exitosa que ha aprendido inglés y modelizarla. Puedes encontrarlas en tu ciudad. Seguramente las encontrarás en línea. Cuando las encuentres, pregúntales acerca de sus creencias y métodos. Estudia su psicología y éxito. Esto es exactamente lo que hice cuando desarrollé el sistema Effortless English. Estudié a los alumnos más exitosos. Los entrevisté. Estudié sus emociones, sus creencias, sus metas y sus métodos de aprendizaje. Así es como desarrollé un sistema basado en el éxito, no en el fracaso.

Recuerda, las creencias son creadas por el significado que le damos a las experiencias. Cuanto más te concentres y pienses sobre experiencias negativas, más se llegarán a fortalecer las creencias limitantes. De la misma forma, tú puedes vigorizar aun más tus creencias. En otras palabras, puedes usar la "memoria selectiva" para crear y reforzar tus creencias positivas.

¿Cómo haces esto? Simplemente revisando todas tus experiencias pasadas con el inglés. Al recordar todas tus experiencias pasadas, busca en tu memoria las que hayan sido positivas. Quizás recuerdes alguna actividad divertida. Quizás disfrutaste leyendo algún cuento corto en inglés. Cuando recuerdes estas experiencias positivas, anótalas. Crea una lista de todas las experiencias positivas que has tenido con el inglés.

La mayoría de la gente puede identificar al menos algunas de estas experiencias. El siguiente paso es concentrar tu atención en estos recuerdos todos los días. Cada día, revisa tu lista de recuerdos positivos con el inglés. Recuerda cada experiencia. Ve cada una en tu mente y siente esos sentimientos positivos de nuevo.

A continuación anota una nueva creencia vigorizante sobre el inglés. Podrías anotar "el inglés es fácil y divertido". Podrías anotar "disfruto aprender inglés y soy bueno". Anota esta creencia arriba de tu lista y también revísala cada día.

Y, por supuesto, cada vez que tengas una nueva experiencia positiva con el inglés, añádela a tu lista. Tu lista se hará larga y más larga. Y a medida que crece, tus creencias vigorizantes se reforzarán día con día.

Todos conocemos el término "basura que entra, basura que sale" en programación de cómputo. Las creencias son nuestros programas cerebrales. Las creencias basura (limitantes negativas) crean emociones negativas, malas decisiones y baja motivación. Éstas, a su vez, crean "basura que sale" –con resultados terribles–. Esos resultados malos entonces crean nuevas y más fuertes creencias negativas, y el ciclo completo empieza nuevamente, pero peor aun. Esto se llama "espiral descendente".

Las creencias positivas, por otro lado, crean una espiral ascendente. El reforzamiento de creencias genera emociones más positivas, mejores decisiones y mayor motivación. Éstas, sucesivamente, generan mejores resultados. Mejores resultados entonces generan creencias más sólidas y vigorizantes. El ciclo completo se repite una y otra vez, haciéndose más fuerte cada vez. Esta espiral ascendente es la clave para un éxito rápido con el inglés.

CAPÍTULO 5

Aprender inglés es un deporte físico

Uno de los errores más grandes del currículum oculto es que las escuelas enseñan inglés como una materia académica. En la escuela estudias inglés. Aprendes acerca del inglés. Analizas las partes del idioma (gramática, vocabulario, etc.). Presentas exámenes sobre este conocimiento.

El problema es que el inglés no es una materia para ser estudiada. El inglés es una habilidad para ser ejecutada o "jugada". Hablar es algo que haces, no algo que analizas y sobre lo que piensas. Quizás puedas ver el problema.

Las conversaciones en inglés típico son muy rápidas y son impredecibles. La otra persona habla rápidamente y nunca sabes exactamente lo que dirá. Tendrás que ser capaz de escuchar, entender, y responder casi instantáneamente. Simplemente, no hay tiempo de pensar en gramática, traducciones, o cualquier otra cosa que hayas aprendido en la clase de inglés.

La conversación en inglés es más como jugar futbol. Un jugador debe actuar y reaccionar casi instantáneamente. El futbolista debe jugar el juego intuitivamente. Los futbolistas no estudian fórmulas físicas para jugar bien. Ellos aprenden futbol jugándolo. Ellos "juegan" futbol, no lo "estudian".

Estudiar reglas gramaticales para hablar inglés es como si un futbolista estudiara física para jugar futbol. Podría ser interesante (¡o quizás no!), pero seguramente no ayudará en su desempeño. Tu trabajo, por lo tanto, es dejar de "estudiar" inglés ¡y empezar a "jugarlo"!

Recuerda que tu combustible es una parte importante, quizás la más importante, de tu motor Effortless English˝. Aprender a jugar inglés, más que estudiarlo, es una forma poderosa para desarrollar una fuerte psicología e ir mucho más rápido en el camino a la fluidez.

Cuando mencionamos inicialmente el combustible, aprendimos cómo usar nuestros cuerpos para cambiar nuestras emociones. Resulta que el cuerpo es, de hecho, una clave muy importante (y descuidada) para aprender inglés. Con el uso de acciones físicas mientras aprendemos, es posible aprender más rápidamente, recordar mejor, recordar por más tiempo y hablar inglés mejor.

El doctor James Asher, un psicólogo y profesor emérito en San José State University, descubrió que el uso de acciones físicas en clases de idiomas, de hecho, ayuda a los estudiantes a aprender más vocabulario. Al doctor Asher le llamó la atención la asociación entre idioma y movimiento después de observar cómo niños pequeños aprendieron a hablar. Notó que cuando los padres dicen algo, sus hijos responden con una palabra y algún tipo de movimiento. También observó que los padres usan frecuentemente acciones y gesticulaciones al hablarles a sus bebés.

Con base en su investigación y observaciones, Asher desarrolló el sistema Respuesta Física Total de enseñanza de idiomas, en el cual los estudiantes responden con movimientos usando todo su cuerpo a las órdenes que el profesor les da en un nuevo idioma. Estos movimientos refuerzan el significado de las frases y facilitan su recordación. El doctor Asher cree que los estudiantes pueden aprender de 12 a 36 palabras en una hora usando este método. Yo he tenido éxitos similares usando una versión del mismo en mis lecciones y seminarios.

Claro está, esto es el opuesto total de lo que sucede en la mayoría de las clases de inglés. En la escuela te dicen que te sientes y estés quieto en tu silla. Te sientas durante una hora o más. Naturalmente, cuanto más tiempo estás sentado, más baja tu energía. Al bajar tu energía, tu concentración también disminuye. Y conforme baja tu concentración, aprendes menos y olvidas más. Por supuesto que esta baja energía frecuentemente conduce a tener sentimientos de aburrición. Menor movimiento, menor energía, menor concentración y aburrimiento, naturalmente producen peores resultados sin importar qué método sea, y así tenemos otra espiral descendente.

Si bien a todos beneficia el aprendizaje físico, hay gente que definitivamente lo necesita. Éstos son los "estudiantes cinestéticos". Ellos aprenden mejor cuando conectan el aprendizaje con el movimiento físico. Este tipo de estudiante tiende a sufrir en los salones de clase tradicionales en los que se les requiere estar sentados, sin movimiento, por horas. Las escuelas y maestros frecuentemente etiquetan a esta gente como "discapacitados para aprender" o como con "desorden de déficit de atención".

El problema, sin embargo, no es que los "estudiantes cinestéticos" estén discapacitados. Más bien, el problema es la falta de habilidad de los profesores –el fracaso de las escuelas en enseñar efectivamente a los estudiantes activos–.

Mis seminarios y clases de Effortless English™ son bastante diferentes. Muchos los han descrito como "conciertos de rock en inglés". En un seminario Effortless English™ con frecuencia brincamos, bailamos, gritamos, reímos, y nos movemos. De hecho, es raro que los estudiantes estén sentados por más de 15 minutos en uno de mis seminarios. Quiero verlos moverse. Los quiero energizados. Porque sé que la gente activa y energizada aprende más rápido, aprende más, recuerda por más tiempo y ¡se desempeña mejor!

Recuerda, aprender inglés es una habilidad de desempeño, no una materia que estudias. Cuanto más uses tu cuerpo al aprender, más éxito lograrás. Una manera para usar el movimiento mientras aprendes inglés es utilizando el método Action Vocabulary (Vocabulario en acción). Mediante este método conectas un movimiento físico único con una nueva palabra de vocabulario. Gritas la palabra (o frase) y ejecutas el movimiento. El movimiento te recuerda el significado de la palabra.

Al hacer esto repetidamente, conectas la palabra, su significado, y la acción física única. Esta combinación produce una memoria más sólida y profunda, lo que genera un aprendizaje de vocabulario más rápido y profundo. Esto es mucho más efectivo que simplemente tratar de memorizar largas listas de palabras.

Otra forma sencilla de usar tu cuerpo es caminar mientras aprendes inglés. Con un smartphone, ¡puedes hacer móvil tu aprendizaje! En vez de estar sentadote, perdiendo energía lentamente, te colocas tus auriculares y das un paseo mientras escuchas inglés. Mientras caminas, tu corazón bombeará más sangre que recibirá tu cerebro. Sentirás más energía y por lo tanto te concentrarás mejor. Probablemente también disfrutarás más el aprendizaje.

No hay razón para estar limitado por los viejos métodos. No necesitas estar sentado sin movimiento en una silla mientras aprendes. No necesitas mantenerte en silencio. No necesitas estar aburrido y cansado. Como un estudiante independiente eres libre de aprender de la manera más eficaz para ti y la que más disfrutes. Tú eres el dueño de tu propio aprendizaje. ¡Disfrútalo!

¿Recuerdas el ejercicio del estado emocional pico que aprendiste?

Es otra forma excelente de usar tu cuerpo mientras aprendes inglés. Tómate un "descanso energético" corto. Toca tu música energética favorita. Brinca, grita, ríe, aplaude y baila por un par de minutos. Energiza totalmente tu cuerpo y crea emociones pico. Seguido, continúa aprendiendo inglés. Tómate estos descansos energéticos cada 20-30 minutos cada vez que aprendas inglés. Te garantizo que obtendrás mejores resultados.

Observa a los niños cuando juegan. Son felices, energéticos y activos. Los niños aprenden mejor mientras juegan. Tienen una actitud de juego en todo lo que hacen. Los niños pequeños no necesitan mucho esfuerzo o disciplina. Se energizan por curiosidad. Aprenden activamente. Aprenden jugando y juegan aprendiendo.

Es momento de que redescubras estas cualidades naturales. Como adulto, todavía aprendes mejor de esta forma. Tú también te beneficiarás de estar activo y energizado mientras aprendes. Tú también te beneficiarás del movimiento físico y de tener una actitud de juego. Al usar las técnicas y métodos de este libro siempre hazlo con actitud de ¡divertirte y de jugar!

Hay dos partes principales del sistema Effortless English˜: la psicología y el método. Tú sabes que la psicología es el combustible que hace que un motor avance. Debes producir ese combustible para generar más y más energía para aprender. Has aprendido cómo usar picos de anclaje emocional, creencias, y movimiento físico para crear ese combustible. Has aprendido la importancia de una actitud activa y de juego.

En el próximo capítulo, aprenderás otra técnica psicológica para crear el combustible más poderoso para aprender inglés.

(Ver abajo)

ACTION VOCABULARY (VOCABULARIO EN ACCIÓN)

Muchos estudiantes pierden tiempo tratando de memorizar vocabulario en inglés. Estudian largas listas de palabras. Repiten las listas muchas veces, tratando de memorizar las palabras en inglés y sus significados traducidos. Desafortunadamente, la investigación muestra que 80% del vocabulario aprendido de esta forma se olvida en menos de un año. Hay mucho tiempo y esfuerzo desperdiciados.

Hay otro problema con este método de aprendizaje: es aburrido y mata la motivación a largo plazo. Como estudiante, debes ser muy cuidadoso –matar tu motivación es la peor cosa que puedes hacer–. Aprender inglés es un maratón, es una carrera larga. Requiere altos niveles de motivación que sean mantenidos por muchos años.

Usar métodos de aprendizaje de vocabulario aburridos es, en consecuencia, doblemente malo: es ineficaz y debilita la motivación.

Hay una mejor manera, como lo han descubierto los participantes en mis innovadores seminarios. Es posible aprender nuevo vocabulario de una manera más poderosa, Y ADEMÁS, muy divertida. Cuando aprendes de esta forma, estudios muestran que puedes recordar 80% del vocabulario adquirido ¡un año después! Eso es poderoso.

La clave del aprendizaje de un vocabulario a fondo, completo, y de largo plazo es el movimiento. Cuando combinas fuertes movimientos físicos con vocabulario nuevo y entendible, creas conexiones profundas en tu cerebro y cuerpo. Estas conexiones son de largo plazo. ¡Perduran! La clave es usar un movimiento que recuerde el significado del vocabulario.

Por ejemplo, imagina que quieres aprender el verbo "to proclaim" ("proclamar"). Primero, buscarías el significado de la palabra, que es "decir o anunciar públicamente, generalmente en voz alta". Después de que sabes el significado, creas un movimiento que te lo recuerde. Podrías poner tus manos sobre tu boca y fingir que gritas en voz alta ("decir públicamente y en voz alta"). Finalmente, gritarías "to proclaim" al mismo tiempo que lo gesticulas.

Cuanto más alto grites y más enérgicamente gesticules, más fuerte será la conexión que logras en tu cerebro. Con solo gritar el verbo y haciendo el movimiento vigorosamente varias veces, crearás un recuerdo del significado más fuerte y profundo.

En un seminario reciente que realicé en Vietnam, enseñé varias nuevas palabras usando este método de vocabulario en acción. Los estudiantes gritaban las nuevas palabras conmigo mientras hacían fuertes movimientos simultáneos que les enseñé. Cada movimiento se ligaba con el significado de la nueva palabra o frase. Al final de la lección, conocían totalmente todas las palabras, para jamás olvidar-las.

Pero eso no es todo. Dado que Effortless English™ es un sistema de aprendizaje a profundidad, repetí las nuevas palabras otra vez –en esta ocasión dentro de un cuento–. Cada vez que usaba una de las nuevas palabras en el cuento, les pedía a los estudiantes que usaran las mismas gesticulaciones fuertes que habíamos practicado. A lo largo de la lección con Mini-Cuento, los estudiantes tuvieron aun mayor repetición del vocabulario, con emoción y movimientos fuertes.

Finalmente, dejé tarea a los estudiantes: bajar de internet el audio de la misma lección del Mini-Cuento y escuchar el audio todos los días durante una semana. Si los estudiantes hacen esto, aprenderán las nuevas palabras del vocabulario muy profundamente y las recordarían siempre. Ese es el poder del sistema Effortless English", y ése es el poder del movimiento físico ¡mientras aprendes!

OCHO PASOS SENCILLOS PARA CAMBIAR TUS EMOCIONES

1. Escoge música excitante, energética, que TE ENCANTA.

2. Antes de que empieces a escuchar tu clase de inglés, pon la música.

3. Al escuchar la música excitante, levanta tu cabeza. Mira hacia arriba. Cambia tu cuerpo. Echa tus hombros hacia atrás. Endereza tu cuerpo. Entonces, sonríe... con una gran sonrisa. Respira profundamente.

4. Enseguida, mueve tu cuerpo. Baila con la música. Sigue mirando hacia arriba. Sigue sonriendo. Brinca y baila. Levanta tus brazos sobre tu cabeza mientras brincas, bailas y sonríes. Siente la felicidad y energía de la música.

5. Para y di en alto, "¡Yes!". Dilo de nuevo, "¡Yes!". Una vez más, "¡Yes!".

6. Ahora comienza tu clase de inglés. Conforme la escuchas, mantén tus hombros hacia atrás. Mantén tu mirada hacia arriba. Sigue sonriendo. De hecho, párate y sigue moviéndote. Camina y respira profundamente mientras escuchas la lección.

7. Cuando escuches mis lecciones de Mini-Cuento, contesta cada pregunta en voz alta. No te dé pena. ¡Grita tu respuesta! Mantén tu cabeza y mirada hacia arriba. Conserva una gran sonrisa en tu cara mientras contestas en voz alta.

8. Si en cualquier momento empiezas a sentirte cansado o aburrido, haz una pausa en la lección. Pon tu música favorita otra vez y repite todos estos pasos. Añade más energía a tu cuerpo y tus emociones. Entonces, comienza la lección nuevamente.

Manejando tus emociones de esta forma, estudiarás más tiempo, recordarás más y aprenderás 2-4 veces más rápido. También te enseñarás a estar fuerte y seguro cuando hablas inglés.

CAPÍTULO 6

Ponte grandes objetivos de la vida real para motivarte hacia el éxito

¿Por qué, exactamente, estás aprendiendo inglés? ¿Por qué quieres hablar inglés con fluidez? Sorprendentemente, mucha gente sólo tiene una idea vaga al respecto. Saben que el inglés es el "idioma internacional" y sienten que deben aprenderlo. En la escuela les enseñan que el inglés es importante. Algunas personas se concentran en los resultados de los exámenes. Estudian inglés con el fin de obtener una calificación alta en TOEFL, TOEIC, IELTS u otros exámenes.

¿De dónde provienen estas metas? Típicamente, provienen del sistema escolar. En otras palabras, son metas externas que son promovidas por otra gente. Se les dice a los estudiantes que estas metas son las importantes y que por lo tanto deben invertir años concentrándose en las calificaciones de los exámenes. El problema es que las metas externas (metas fijadas por gente ajena) se sienten como un trabajo. Estas metas se sienten como una obligación.

Estas metas son débiles y no inspiran, y ése es un problema porque las metas pertenecen a nuestro propio sistema cerebral de fijación de objetivos. Las metas les dicen a nuestros cerebros lo que queremos, cuándo lo queremos, y por qué lo queremos. Una meta realmente importante energiza, nos inspira y motiva a hacer más y ser mejores. Una gran meta puede cambiar totalmente tu vida. Las metas débiles, por el contrario, producen resultados débiles.

Otro paso para desarrollar tu combustible Effortless English" es, por consiguiente, desarrollar metas aun más importantes para ti. Pero ¿en qué consiste que una meta sea importante? En que ésta pueda crear una obsesión positiva en tu mente. Una meta importante no sólo te motiva, parece jalarte hacia la acción y el éxito.

Una gran meta es como una adicción positiva. La meta te concentra en lo que es importante en tu vida. No la puedes olvidar. De hecho, con una meta verdaderamente trascendente, difícilmente dejas de pensar en ella. Esta meta te guía y motiva incluso a lo largo de tiempos difíciles.

Para ser trascendente, una meta debe ser intensamente emocional de una manera positiva. Por esto es que las metas basadas en calificaciones son tan débiles. ¿Quién se emociona e inspira con los exámenes? De hecho, para la mayor parte de la gente, los exámenes son experiencias negativas que producen sentimientos de nerviosismo, miedo y estrés. Esto no es muy energizante o inspirador. No es de sorprender que mucha gente se sienta mal con el inglés.

Así que ¿cómo determinas y creas metas realmente trascendentes? Empieza por hacerte preguntas clave. Son preguntas que te ayudarán a encontrar tus razones más profundas para hablar inglés. A medida que profundizas, encontrarás metas más inspiradoras. Y la pregunta más contundente de todas es simplemente "¿Por qué?".

Una manera fácil de determinar por qué quieres estudiar inglés es preguntarte repetidamente "¿por qué?". Por ejemplo, podrías preguntarte "¿por qué estoy aprendiendo inglés?" Quizás tu primera respuesta sea "para obtener una calificación alta en el TOEFL". Ésa es una meta externa débil. Así que pregúntate nuevamente "¿por qué quiero una calificación alta en el TOEFL?". Tu respuesta puede ser "para conseguir un mejor trabajo". Pregúntate de nuevo "¿por qué quiero un mejor trabajo?" Ya estás profundizando para obtener tu verdadera razón. Quizás tu respuesta sea "para ganar más dinero para mi familia". Y entonces pregúntate "¿por qué quiero ganar más dinero para mi familia?". Y podrías responder "porque los amo y quiero darles una vida plena y maravillosa". Has encontrado tu gran meta interna.

Tu gran meta no es lograr una alta calificación en el TOEFL; tu verdadera meta es darle una vida maravillosa a tu familia. El inglés es una herramienta para ayudarte a llegar esa meta. ¿No es eso más fuerte y emocional? ¿No te emociona e inspira más? ¿No te da eso más combustible para tu motor?

Claro, cada quien es diferente. Quizás, tu gran meta sea viajar alrededor del mundo y vivir una vida de aventura –y sabes que el inglés es el idioma internacional–. Quizás tu sueño sea ser una persona exitosa en negocios internacionales, y el inglés te ayudará a lograr ese sueño. Quizás tu sueño sea estudiar en el extranjero en una universidad americana. Quizás quieres hacer amigos internacionales de muchos países del mundo. Quizás tienes más de una gran meta para estudiar inglés.

El punto es que el inglés es una herramienta para la comunicación. El solo conocimiento de muchas palabras y gramática no sirve. Debes utilizar el idioma para liberar su fuerza. Así que la clave para encontrar tu gran meta es determinar cómo quieres usar el inglés en el mundo real.

Con el inglés, debes enfocarte en las verdaderas razones que tienes para hablarlo. Tus metas deben emocionarte. Debes sentirte entusiasmado y energizado con solo pensar en tus metas.

Aun cuando estoy escribiendo sobre este tema, yo también a veces he sido culpable de tener metas débiles. Por ejemplo, recientemente di una serie de seminarios y presentaciones en Tailandia. Mis metas iniciales eran:

- Enseñarle a la gente el sistema Effortless English™.
- Conectarme con más gente.

Bueno, éstas eran metas positivas –pero no eran realmente fuertes–. No me emocionaban. No me generaban pasión. Así que pensé con más profundidad. Me pregunté "¿por qué quiero enseñarle a la gente el sistema Effortless English™?, ¿por qué quiero conectarme con más gente?, ¿en qué quiero contribuir?, ¿qué quiero lograr?".

Al instante, surgieron en mi mente mejores metas, como:

- ¡Quiero inspirar a la gente y cambiar sus vidas!
- Quiero despertar la pasión y el amor de la gente por aprender.
- ¡Quiero despertar su imaginación!
- ¡Quiero aliviar su trauma con el inglés!
- Quiero cambiar totalmente la forma en que la gente aprende inglés.
- ¡Quiero ayudar a la gente a lograr sus sueños usando el inglés como una herramienta!
- ¡Quiero formar una familia internacional de estudiantes ultra entusiastas!
- ¡Quiero darle a la gente experiencias emocionales positivas y potentes!
- Quiero darles felicidad, risa, pasión y gran confianza.
- Quiero liberar a la gente de la duda, la inseguridad, la aburrición y la vacilación.
- ¡Quiero ayudarles a lograr sus sueños!

Bueno, ¡éstas sí son metas emocionantes! Estas metas me dieron energía y poder inmediatamente. Me hicieron brincar de mi cama ¡y ponerme a trabajar! Me hicieron mejorar mi trabajo como maestro. Me inspiraron a aprender y mejorar más y más. Me motivaron a querer hacer cosas asombrosas –no sólo dar clases aburridas–.

Tal es poder de las metas grandes y trascendentes. ¿Por qué quieres aprender inglés? ¿Cuál es el resultado más emocionante que te puedas imaginar que el inglés fluido te puede dar? ¿Qué te inspira realmente de aprender inglés? Piensa más en grande. ¡Sueña más en grande!

Hazte un favor: escoge metas grandes, audaces, potentes para aprender inglés. ¡Enciende tu pasión!

CAPÍTULO 7

Programa tu cerebro para tener éxito con el inglés

Mientras daba clases de inglés en una universidad de Tailandia, tuve una estudiante llamada Ploy. En su primer día de clases, Ploy se sentó en la última fila. Durante esa clase hizo todo lo posible para esconderse de mí. Encogía sus hombros y trataba de desaparecer atrás del estudiante sentado delante de ella. Ploy se mantuvo en silencio durante toda la clase.

Después de clase le pedí que se quedara conmigo un minuto. Pude ver que había algo mal y quería saber cómo ayudarla. Le dije "me di cuenta que estabas escondiéndote durante la clase ¿está todo bien? Me dijo, "no soy buena para el inglés". Ploy describió su larga frustración, incluidas malas calificaciones, malos resultados en pruebas, y vergüenza. Por estos antecedentes, estaba convencida de que tenía una deficiencia y que era "mala para el inglés".

Después de hablar con Ploy, pensé en su problema y sus creencias. Me di cuenta de que otros estudiantes en la clase probablemente tenían sentimientos similares. Antes de enseñarles inglés, sabía que tenía que encontrar una manera de ayudarles a reprogramar sus creencias. Esa semana investigué más sobre técnicas psicológicas y descubrí el método de "programación de película mental".

La semana siguiente, enseñé esta técnica a los alumnos y continué usándola a lo largo de todo el semestre. En sólo unas cuantas semanas noté una diferencia dramática. Ploy se volvió más segura y extrovertida. Primeramente, se sentó en la primera fila, en vez de la última. Después empezó a participar en clase. Sus compañeros igualmente se volvieron más seguros, semana tras semana.

Esta experiencia me enseñó el poder de la psicología y porqué es tan importante programarte para el éxito.

Este capítulo es el paso final para reprogramar tu psicología para tener éxito en el inglés. Aprenderás exactamente cómo programar las creencias, metas y emociones pico que necesitas para producir combustible para el auto de carreras de tu motor Effortless English".

El problema de los estudiantes no es falta de inteligencia, ni falta de voluntad. No eres "malo para el inglés". Lo que le falta a la gente es control sobre su mente y emociones. De hecho, tienes todo el talento, inteligencia y voluntad que necesitas para dominar el inglés hablado al nivel más alto posible. Simplemente necesitas aprender cómo controlar tu voluntad y usarla para cambiar tus emociones, creencias y acciones en un instante, exactamente como lo quieres.

Como muchos estudiantes de inglés, quizás tú también sufras del "trauma del inglés". Quizás conservas creencias limitantes y te sientes frustrado, nervioso o estresado cuando tratas de hablarlo. Te quieres sentir confiado y seguro cuando hablas, y para hacerlo, debes aprender a controlar tus películas internas.

Tus películas internas son los programas que usas para crear sentimientos, creencias y metas. Tú creas estas películas con tus cinco sentidos: vista, oído, tacto, gusto y olfato. Tus memorias y tus sueños son grabados en tu mente como una combinación de estos sentidos. Estos son los ingredientes que usas para escribir y dirigir tus propias películas internas. Entonces, estas películas crean tus emociones, pensamientos y acciones.

Cuando quieres cambiar los resultados que has obtenido al aprender inglés, querrás cambiar dos cosas: cómo te sientes cuando hablas inglés y qué tan bien lo hablas realmente. En otras palabras, querrás sentirte seguro mientras lo hablas y querrás hablarlo con destreza. Este capítulo es acerca de cómo cambiar tus películas internas para que te programen tanto para tener sentimientos fuertes, como para hablar inglés con destreza.

Conforme piensas en las películas que creas en tu mente, date cuenta de que hay dos cosas que puedes escoger: lo que hay en tus películas y cómo se hacen éstas. Si con frecuencia piensas sobre tus penosos recuerdos con el inglés, esto cambiará la manera en que te sientes. Cómo esos recuerdos son estructurados también es importante. Por ejemplo, quizás recuerdes alguna ocasión cuando un profesor te corrigió en clase, y ese recuerdo te genera nerviosismo con el inglés. Tal recuerdo es una película en tu mente. Internamente, ves suceder ese evento, escuchas al profesor corrigiéndote, y sientes vergüenza (lo visualizado, escuchado y las sensaciones físicas son los ingredientes más comunes y poderosos de las películas internas).

Como con la mayoría de la gente, si haces que esa película negativa se alargue en tu mente, los sentimientos malos se harán más fuertes. Igualmente, si permites que la voz del profesor sea más alta, es probable que empeoren los malos sentimientos. Y puedes concentrarte en las sensaciones o sentimientos vergonzosos y agitarlos fuertemente en tu cuerpo, haciéndolos, de nuevo, más fuertes. Al cambiar cómo se proyecta la película en tu mente, cambias su poder.

Estas cualidades de las películas son llamadas "sub-modalidades". Son las cualidades específicas de cada sentido usadas en tus películas internas. Cada uno de los sentidos tiene varias sub-modalidades que pueden ser controladas y cambiadas.

Visualmente, por ejemplo, tú puedes cambiar los colores de una película, o removerlos completamente para convertirlos en blanco y negro. Puedes cambiar el tamaño de las imágenes en tu mente, haciéndolas más grandes o más pequeñas. Si te imaginas a la película proyectándose en una pantalla dentro de tu mente, puedes cambiar tu distancia respecto de la pantalla, acercándola o alejándola. Puedes cambiar el brillo de una película. Puedes controlar el movimiento de tus películas internas y ponerlas en cámara rápida, normal o lenta. Puedes cambiar el "ángulo de cámara" de tu película, cambiando la perspectiva de cualquier escena.

Las películas internas tienen bandas sonoras y éstas también pueden ser controladas y cambiadas. Puedes controlar el volumen de los sonidos en tu película. Puedes controlar el ritmo. Puedes cambiar el tono y escala, haciendo que los sonidos sean más altos o más bajos.

Y también puedes controlar los sentimientos o sensaciones físicas en tus películas. Puedes controlar la temperatura (más fría, más caliente), la presión (mayor, menor) y la ubicación de las sensaciones. También controlas la intensidad de las emociones y puedes hacerlas vibrar más rápida o lentamente en tu cuerpo.

En esencia, tú eres el director de películas de tu propia mente. La pregunta es ¿controlarás esas películas y las dirigirás conscientemente, o dejarás que ellas te controlen? Un buen director o directora controla las imágenes, ángulos, sonidos, etc. de una película para crear exactamente los pensamientos y sentimientos que quiere que experimente la audiencia. Como director o directora de tu propia mente, tú puedes hacer lo mismo.

Puedes, por ejemplo, cambiar tus recuerdos grabados. Los recuerdos son simplemente películas internas que has creado sobre una experiencia que has tenido en el pasado. Para la mayor parte de la gente, estas películas se crearon sin su elección consciente. La buena noticia es que puedes redirigir estas películas con el fin de hacerlas más débiles o fuertes para cambiar el efecto que tienen en tu vida.

Hagámoslo ahora. Piensa en un recuerdo muy feliz. Puede ser cualquier cosa, cualquier recuerdo que te haga sonreír. Cierra tus ojos, sonríe, y piensa en ese recuerdo ahora. Al recordar, date cuenta de la imagen o película en tu mente. ¿Qué ves? Después, percibe lo que escuchas: ¿tu película tiene sonido? ¿Y qué sucede con los sentimientos?: ¿cómo te sientes en esta película?, ¿dónde se ubican los sentimientos en tu cuerpo?, ¿sientes vibraciones en tu cuerpo o sentimientos de tensión o relajación? Sólo observa los detalles de esta película interna feliz.

Ahora sé el director de este recuerdo. Si solamente ves una foto sin movimiento, conviértela en película añadiéndole movimiento. Después, haz que la imagen crezca en tu mente, acércatela. Al hacerla más grande, nota cómo cambian tus sentimientos. Para la mayoría de la gente, hacer una película más grande aumenta el poder de las emociones (negativas o positivas). Un recuerdo feliz lo puedes hacer aun más feliz ¡agrandando la película!

Por supuesto, también puedes cambiar el sonido y los sentimientos. Trata que los sonidos suenen más alto, especialmente los sonidos agradables. Cuando notes los sentimientos buenos, localiza dónde están en tu cuerpo y cómo se desplazan. Los sentimientos son físicos y generalmente se experimentan como una vibración o energía en el cuerpo. Haz que es sentimiento feliz vibre más fuertemente y hazlo desplazarse a lo largo de tu cuerpo. Para casi todos, esto también incrementará el sentimiento de felicidad.

Felicidades, acabas de dirigir tu primera película interna. Has aprendido cómo aumentar sentimientos de felicidad convirtiéndote en un mejor director. Tú puedes usar esta misma habilidad con experiencias negativas, pensamientos y creencias. Vamos a intentarlo.

Recuerda una experiencia negativa con el inglés. Puede ser una mala experiencia en la escuela, o alguna vez que te sentiste nervioso, frustrado, aburrido o tonto al tratar de hablarlo. Al recordar esta mala experiencia, de nuevo observa los detalles de tu película interna. Ve el recuerdo en tu mente. Observa si esta película tiene sonido, y percibe cómo te sientes en la película.

Primero, acércate más estas imágenes negativas, haciendo más grande la pantalla. Haz que los sonidos aumenten su volumen y que los sentimientos vibren más rápido. La mayoría se sentirá peor al hacer esto. No es lo que quieres. Así que ahora, haz lo contrario. Aleja la pantalla, haciendo que las imágenes se reduzcan. Entonces, haz que la película se vuelva más obscura y difícil de ver en tu mente. Imagina que esta pantalla tiene botones de control de volumen. Sujeta ese botón y baja el volumen haciéndolo menos perceptible. Es más, apágalo por completo. Finalmente, aspira fuertemente y relaja tus sentimientos.

Al hacer todas estas cosas notarás que los sentimientos negativos se vuelven más débiles, o desaparecen completamente. Has tomado un recuerdo triste y lo has convertido en uno sin fuerza mediante la dirección consciente de tu mente. La mayor parte de la gente cree que los recuerdos no cambian, pero tú has demostrado que en realidad tienes el control de tus recuerdos. Lo mismo es cierto para tus pensamientos.

Tienes una opción. Puedes ser el director consciente de tu mente o puedes dejar que tu mente haga lo que quiera. La mayoría hace lo segundo y se siente impotente. Son gente controlada por pensamientos y recuerdos negativos y malas experiencias. Esto no es necesario.

Puedes optar por manejar tu cerebro, dirigiéndolo para producir los pensamientos, sentimientos y acciones que desees.

Puedes hacer que lo negativo se debilite y también puedes aumentar la fortaleza de recuerdos, pensamientos y creencias positivas, así como metas. Puedes controlar tu cerebro en vez de ser controlado por él. Este proceso no sólo funciona con los recuerdos, también funciona con las metas que quieres lograr en el futuro. Piensa en un gran objetivo para aprender inglés, uno de esos objetivos grandes e inspiradores que cambiarán tu vida.

Cierra tus ojos mientras piensas en este objetivo. Ahora, conscientemente haz una película para ese objetivo. ¡Tú eres el director! Obsérvate hablando inglés con fluidez con otras personas. Escoge una situación que te inspire. Mientras ves esta película, observa las caras de las otras personas que están escuchándote. ¡Velos sonreír al entender y disfrutar tu inglés! Atrapa esa imagen en tu mente y acércatela para que la pantalla se agrande. Luego, vuelve más hermosos los colores. Haz la imagen un poco más brillante.

Conforme continúas observando esta gran película, nota la banda sonora. Escucha a una de las personas decir "¡Guau, tu inglés es excelente!". "¿Cómo aprendiste a hablarlo tan bien?". ¡Sube el volumen para que puedas escucharlo más alta y claramente! Observa cómo te sientes cuando escuchas este elogio. Sentirás el orgullo y felicidad en alguna parte del cuerpo. ¿Dónde se localiza? Donde sea que esté, haz que esa vibración feliz se vuelva más rápida y fuerte, y entonces haz que se desplace por todo tu cuerpo. ¡Se siente fantástico!

Acabas de crear tu película potente de inglés, y tú eres la estrella principal. Estás seguro y eres habiloso. Estás feliz. ¡Eres sorprendente hablando inglés sin esfuerzo! ¡Se siente fabuloso!

Con esta fuerza para dirigir, empiezas a programar tu cerebro para las creencias, emociones y resultados exactos que deseas. Concéntrate en esta película potente cada día, y cada vez que la recrees se volverá más poderosa. En cualquier momento que aflore una película negativa en tu mente, utiliza tu habilidad de director para hacerla más pequeña y débil. Día tras día, mediante el dominio consciente de tu mente, cambiarás por completo tu vida.

Claro que esto requiere práctica diaria. Esas viejas películas se crearon a lo largo de muchos años, así que necesitas crear conscientemente tus películas potentes todos los días. Al hacerlo, paso a paso, te re-programarás para tu éxito en el inglés.

Una forma particularmente poderosa de reprogramar tus películas es usando el método llamado "swish". El swish es una técnica clásica de psicología de éxito y PNL. Un swish es una forma para cambiar instantánea y automáticamente una película interna negativa en una película potente que te haga sentir muy bien. Por ejemplo, si con frecuencia te sientes nervioso cuando hablas inglés, puedes programar tu mente para cambiarla automáticamente a un sentimiento poderoso y seguro cada vez que hablas.

Debes practicar y entrenar esta técnica "swish" a diario, pero una vez que está programada a profundidad, no necesitarás pensar en ella. Donde sea que necesites hablar inglés, te sentirás fuerte y seguro sin esfuerzo.

A continuación, los pasos para usar la técnica swish:

1. Identifica el sentimiento o acción que quieras cambiar. Puede ser un sentimiento de nerviosismo cuando hablas inglés. Primero, haz una película de esa situación negativa. Ve, escucha y siente lo que sucede en esta película negativa.

2. A continuación, crearás una película potente que represente tu meta, lo que quieres sentir y hacer. Podrías, por ejemplo, usar la película potente del ejemplo anterior… una película de ti mismo hablando con fluidez y sintiéndote excelentemente.

3. Usa el "swish" para conectar las dos películas y crea un cambio automático de la película negativa a la película potente. Básicamente, estás anclando la película potente a la situación negativa.

A continuación, verás cómo haces el swish:

Cierra los ojos y empieza por crear una imagen grande de la situación negativa que desees cambiar. Vela claramente. Después imagina que hay un pequeño y obscuro cuadro en la esquina de esa pantalla. Ese pequeño cuadro es tu película potente. Así que en la pantalla frente a ti, tienes la gran película negativa, y en la esquina, hay un pequeño cuadro que contiene la película potente.

A continuación, di "¡Wooosh!" e imagina que el pequeño cuadro explota y se convierte en una pantalla muy grande. Al explotar, destruye completamente la película negativa y la reemplaza. Ahora ves tu película potente frente a ti. Es grande, brillante y llena de color. Tiene una gran banda sonora y se siente muy bien. Observa la película y deja que esos sentimientos felices se vuelvan más fuertes.

Asegúrate de decir la palabra "¡Wooosh!" en voz alta y con fuerza, con mucha emoción. Recuerda la emoción pico y también gesticular tu cuerpo con fuerza para aumentar los sentimientos positivos. Estás creando una conexión, un ancla, entre la palabra, el gesto y la película potente.

A continuación, abre tus ojos para reactivarte. Vuelve a cerrarlos y repite todo el proceso swish. Cada vez, haz que la explosión suceda más rápidamente. La película potente explota y destruye la vieja imagen. Grita "¡Wooosh!" muy fuerte y haz aun más fuerte la emoción pico de tu película potente.

Entonces abre tus ojos por un momento, reactívate, ciérralos, y hazlo de nuevo. Sigue repitiendo el proceso una y otra vez. Cada día, practica haciendo esto diez o más veces. Hazlo a diario. Puede llevarte treinta o más días programar una respuesta automática. Una vez programada, notarás un resultado asombroso. Cuando estés en una situación de hablar en inglés, puede que sientas un breve momento de nerviosismo. De pronto, te sentirás mejor –con más fuerza, más relajado y seguro–. Esto sucederá automáticamente y sin esfuerzo. Éste es el resultado de la programación swish.

Haz de esto un hábito diario. Puedes hacer este proceso swish cada mañana cuando te levantes, y sólo te llevará unos cuantos minutos. Durante estos pocos minutos, programarás inconscientemente tu mente para el éxito.

Cambiarás las viejas películas negativas. Desarrollarás creencias y sentimientos más poderosos acerca del inglés. Tomarás control y llegarás a ser un director habilidoso de tu propia mente.

Ahora ya tienes todas las herramientas que necesitas para desarrollar una poderosa psicología de éxito. Sabes cómo crear picos emocionales y conectarlos con el inglés. Conoces la importancia de las creencias y cómo cambiarlas mediante la modelización. Sabes cómo usar el movimiento físico para crear emociones y fortalecer la memoria. Conoces el poder motivacional de las grandes metas y cómo llegar a las razones más profundas para aprender inglés. Y conoces cómo dirigir conscientemente tu mente hacia el éxito usando películas internas.

En el camino hacia la fluidez en inglés necesitas dos cosas: un combustible potente y un auto potente; psicología poderosa y un gran método. Sabes cómo crear el combustible premium que necesitas.

En la siguiente sección aprenderás qué hacer con ese combustible –los métodos específicos de aprendizaje del inglés que debes usar para hablarlo con fluidez. Es momento de aprender sobre el motor de Effortless English˜.

CAPÍTULO 8

Los bebés aprenden mejor: el motor de Effortless English™

Has aprendido la primera parte del sistema Effortless English™: el combustible o psicología. Sabes cómo crear combustible emocional de alta calidad para potenciar tu viaje en el camino hacia la fluidez en inglés. Ahora es tiempo de enfocarnos en el motor que usará ese combustible. Esto es a lo que me gusta llamarle el Ferrari del aprendizaje de idiomas: el método Effortless English™.

Como lo destaqué anteriormente, Effortless English™ es un sistema que desarrollé durante un periodo de varios años de enseñanza e investigación. Mediante prueba y error, he sido capaz de mejorar y adaptar este método para adecuarlo a las necesidades de los estudiantes alrededor del mundo. En tanto traigas contigo el combustible psicológico y emocional a este método, te garantizo que llegarás rápidamente a la fluidez en inglés.

Para fines de claridad, he dividido el método Effortless English™ en siete pasos. Me refiero a estos pasos como "las siete reglas". En este capítulo, presentaré estas reglas y explicaré brevemente cómo funcionan. También describiré cómo será organizada esta sección para que tengas los máximos beneficios de estudiar inglés cada vez que lo hagas.

Cada una de las siete reglas es una pieza de "conocimiento profundo" que cambiará por completo los resultados que consigues con el inglés. El profesor Edwards Deming describió el conocimiento profundo como una idea nueva, estrategia o distinción que cambia poderosamente la calidad de los resultados. El conocimiento profundo es con frecuencia un simple cambio que crea un gran avance.

Cada una de las siete reglas es sencilla, pero cuando se usa cada una se producirán grandes mejorías en tu inglés hablado. Usadas en conjunto con psicología sólida, las siete reglas acelerarán tu viaje a lo largo del camino a la fluidez.

Debo advertirte que este método es totalmente diferente al del currículum oculto que has usado en el pasado. Recuerda, Effortless English™ no se basa en los métodos tradicionales. Al contrario, está diseñado para seguir el curso natural del aprendizaje de idiomas observado con niños pequeños.

Los bebés aprenden mejor

En realidad, los bebés y niños pequeños son ¡los mejores estudiantes de inglés del mundo! Aprenden fácilmente a hablar su lengua como naturales de sus países, con excelente gramática, vocabulario, fluidez y pronunciación. En vez de estudiar libros de texto, quizás debiéramos observar a los bebés y cómo aprenden inglés.

Cuando un bebé empieza a hablar inglés, o cualquier idioma, principalmente escucha. De hecho, durante muchos meses, el bebé o niño solamente escuchará, casi sin hablar. Este periodo de escuchar es llamado por los lingüistas, el "periodo silencioso". Durante este periodo, el bebé está aprendiendo a entender el lenguaje. Claro está, cuando un bebé está aprendiendo silenciosamente, sus padres no se preocupan. No le enseñan gramática al bebé. No se enojan si el bebé no habla.

¿Qué hacen los padres? Simplemente le hablan al bebé usando lenguaje muy sencillo. Usan acciones mientras hablan. Por ejemplo, señalan a la mamá y dicen "mamá, mamá", una y otra vez, todos los días. Posteriormente, el bebé se da cuenta que "mamá" es la palabra para su mamá.

Después, el bebé empezará a hablar. Quizás algún día el bebé diga finalmente "mamá". ¿Qué sucede? ¿Los padres corrigen la pronunciación del bebé?, ¿intentan enseñarle gramática al bebé? Claro que no. Más bien, todo mundo enloquece de alegría porque el bebé dijo una palabra correcta (generalmente con mala pronunciación). Todos sonríen y ríen. ¡Hablar inglés es un momento muy feliz para el bebé!

Durante los años siguientes el bebé continuará enfocándose en aprender. Su habla mejorará gradualmente. El bebé usará más palabras. Su gramática mejorará, aun cuando ¡nunca estudie las reglas gramaticales! La pronunciación del bebé mejorará. Y sin embargo, durante muchos años, su oído seguirá siendo mejor que su habla. El bebé entenderá más de lo que puede decir.

Esta es la forma natural de aprender inglés. Como puedes ver, es muy diferente a lo que aprendes en la escuela. En la escuela te enfocaste en leer libros de texto desde el principio. Quizás fuiste forzado a hablarlo desde muy temprano, aun cuando no estabas listo. Te concentraste en estudiar reglas gramaticales. Cuando cometías algún error, el maestro te corregía.

A diferencia del bebé, tú no mejoraste rápidamente. No mejoraste tu gramática naturalmente y sin esfuerzo. Tu pronunciación nunca pareció mejorar mucho. Y tu habla siempre pareció lenta. Para ti, el inglés probablemente no era una experiencia que disfrutar. El inglés no era una experiencia de juego y natural que amaras.

Claramente, hay algo malo con la forma tradicional de enseñar inglés en la escuela. Por supuesto, necesitamos un método mejor, un método que siga de cerca la forma natural en que los humanos estamos diseñados para aprender una lengua.

Lo cierto es que tu cerebro es una máquina increíble de aprendizaje de idiomas. Si tienes una fuerte psicología y un método efectivo, aprendes inglés rápidamente. Aun mejor, cuando sigues un enfoque natural, disfrutas el proceso de aprender porque ya no sigues luchando contra la naturaleza y tu propio cerebro.

Tú has aprendido la psicología de Effortless English˙. Ahora es tiempo de aprender sobre el motor, el método Effortless English˙. Cada una de las siete reglas es una parte importante de este método. Cada regla es una forma nueva de "jugar inglés". Conforme aprendes y usas las siete reglas, asegúrate de mantener una actitud de juego. Sé flexible. Diviértete. Disfruta este nuevo proceso de aprendizaje.

Las siete reglas están interconectadas y funcionan sinérgicamente. "Sinergia" significa que las reglas son más potentes cuando se usan juntas más que individualmente. Cada regla hace que las otras reglas se fortalezcan. Juntas forman un método potente para lograr fluidez y habilidad con el inglés.

Cómo usar esta sección

El propósito de esta sección es ayudarte a aprender a hablar inglés con seguridad y fluidez. Ya que te expliqué la psicología de Effortless English˙, mi objetivo es hacer que el material en estas páginas sea lo más práctico y útil posible. En los próximos capítulos, estaré explicando en detalle cada una de las siete reglas de Effortless English˙. También estaré incluyendo más consejos motivacionales, enseñando ejemplos y ejercicios de práctica para asesorarte en tu camino hacia la fluidez.

Al aprender cada regla, obtendrás otra pieza del método Effortless English˙. Juntas conforman un sistema completo de aprendizaje. Al final de esta sección te enseñaré cómo juntar estas reglas para crear tu propio plan diario de aprendizaje individual. Aprenderás exactamente qué hacer, día con día, para lograr el dominio del inglés hablado.

Disfruta el viaje.

CAPÍTULO 9

La Primera Regla: aprende frases, no palabras

Si has tomado clases de inglés, es probable que hayas tenido mucha experiencia memorizando listas de palabras de vocabulario.

Con Effortless English" no vas a hacerlo más. ¿Por qué? Porque las listas de vocabulario son una pérdida de tiempo. Sí, me oíste bien. Tratar de memorizar un montón de palabras sueltas al azar no es una manera efectiva de aprender. En vez de esto, vas a usar la primera regla del método Effortless English" y aprenderás frases, no palabras.

¿Qué quiero decir con "frases"? Las frases son grupos de palabras que están relacionadas, y que se concentran en una idea. Otra manera de describir a las frases es como "trozos naturales del lenguaje". En cualquier idioma, ciertas palabras van naturalmente juntas de cierta forma. Por ejemplo, en inglés decimos "I am on an island". No decimos, "I am at an island". ¿Por qué? No hay explicación lógica. Una es simplemente una frase común y aceptada y la otra no lo es.

Aquí hay otro ejemplo. Digamos que *hate* es una de las nuevas palabras que quieres aprender. En una clase tradicional, escribirías la palabra *hate* y la buscarías en el diccionario para encontrar su significado. Verías que significa tener una antipatía fuerte e intensa hacia algo; odiar o detestar algo. Entonces, la memorizarías –*hate, hate, hate, hate, hate*–.

Ésa es la forma vieja –estilo de libro de texto, ¿verdad?–. En la escuela, probablemente usaste esta estrategia para recordar muchas palabras sueltas. Tenías aquellas largas listas de vocabulario y tratabas de memorizarlas para el examen. Para los verbos, tenías que memorizar tablas de conjugación.

Peor aun, probablemente aprendiste estas palabras mediante la memorización de traducciones en tu propio idioma. Por esto, frecuentemente te encuentras traduciendo en tu cabeza cuando tratas de hablar inglés. Primero, piensas en la palabra en tu propio idioma, después tratas de recordar la traducción al inglés. Este paso extra hace más lenta tanto tu habla como tu habilidad para escuchar.

Confía en mí. Es mucho mejor si aprendes una frase –un grupo de palabras–. Es fácil. Escuchas a alguien hablar inglés típico, y cuando escuchas una palabra nueva, la anotas. O cuando lees un cuento y ves una palabra nueva, la anotas. Sólo que no deberás anotar esa palabra sola. Deberás anotar la frase u oración completa en la que está esa palabra.

En otras palabras, aprendes el idioma por trozos. Así que, en vez de sólo anotar la palabra *hate*, tú escribirías *John hates ice cream*. Anotarías la frase completa y su significado.

Es fácil buscar palabras en un diccionario del idioma inglés, que la mayoría de los estudiantes tienen. Las frases pueden ser un reto mayor dado que no siempre pueden ser traducidas literalmente. Por esto recomiendo a todos mis estudiantes que consigan un buen diccionario idiomático, o diccionario de modismos. Los modismos son frases comunes o dichos de un idioma. Si buscas en línea "diccionario de modismos en inglés", probablemente encontrarás una buena selección de estos libros.

¿Por qué hacemos esto? ¿Qué fuerza tienen las frases? Bien, por un lado, las frases te dan mucha más información. Te dan mucha más información que la que obtienes de una sola palabra. Como resultado, las frases son más fáciles de recordar porque tienen significados más profundos. Te presentan un tipo de ilustración o cuento, especialmente cuando la obtienes de algo que estás escuchando o leyendo. Cuando escuchas *John hates ice cream*, recuerdas el pequeño cuento completo. Recuerdas quién es John. Recuerdas que tenía *ice cream*, y recuerdas que lo odiaba. No le gustaba ¿correcto? Así que tienes todas estas piezas extras de información. Esta información extra pone a las palabras en contexto. Ayuda a que recuerdes el significado de la frase, así como ¡el significado de esa palabra! Esto podría no ser mucho, pero de hecho es un gran refuerzo para la memoria. Aprendiendo frases, aprendes más vocabulario, lo aprenderás más rápidamente y lo recordarás por más tiempo.

También hay otro beneficio. Cuando aprendes frases, no estás aprendiendo únicamente la palabra individual. También estás aprendiendo gramática. Estás aprendiendo cómo usar la palabra correctamente con otras palabras. No necesitas pensar en la gramática. No necesitas conocer las reglas o preocuparte sobre el orden de las palabras o los tiempos de los verbos. Es automático. Usarás la palabra correctamente en una frase porque así es como la recordaste.

En el sistema Effortless English¨ ésta es una forma en la que aprendes gramática intuitiva e inconscientemente, sin pensar en reglas gramaticales. Las frases te enseñan gramática hablada naturalmente. Aprendiendo frases, automáticamente aprendes tanto gramática como vocabulario al mismo tiempo. ¡Dos por uno!

Aprendiendo de manera natural

Así es cómo los de habla inglesa de nacimiento aprenden inicialmente la gramática inglesa. Es como aprendiste tu propio idioma. Cuando somos niños, aprendemos en frases. Aprendemos en grupos de palabras. *Give it to me. Walk across the street. He fell down.* (Nota: en algunos casos las frases a las que me referiré podrían ser oraciones completas, dado que contienen un sujeto y un verbo como en el ejemplo anterior: *he fell down*. En otros casos, una frase podría ser únicamente unas pocas palabras dentro de una oración. En este libro estoy usando la palabra *frase* para describir cualquier grupo natural de palabras.).

El punto es: aprendemos grupos de palabras, no sólo una palabra. Palabra por palabra es lento y no ayuda a la gramática. Pero cuando aprendes una frase completa, obtienes información extra. Probablemente no lo sepas, pero la obtienes.

Regresemos a nuestro ejemplo: *John hates ice cream.* Recuerda, nuestra palabra inicial era *hate*. Pero ahora ves que hay una "s" al final –*hates*–, ¿correcto? *John hates*. Por tus estudios de gramática sabes que estás haciendo que el sujeto y el verbo concuerden, pero no necesitas pensar en ello. Aprendes la gramática partiendo de sólo esa palabra en la frase, esa "s" al final, *hates*. Y en el futuro, siempre que digas *John hates ice cream* o *he hates ice cream*, automáticamente añadirás la "s" porque así es como lo aprendiste. No tendrás que invertir tiempo tratando de recordar las conjugaciones del verbo "*hate*" porque lo aprendiste correctamente de una frase y ahora es automático.

En efecto, realmente no necesitas pensar acerca de todo esto conscientemente. Simplemente aprendiendo la frase, automáticamente aprenderás la conjugación correcta del verbo. Eliminas el paso adicional de etiquetar y analizar términos gramaticales. Por esto es que aprender frases conduce a hablar y entender más rápidamente.

Por otro lado, si aprendes todo esto de un libro de texto, con frecuencia aprenderás la raíz de la palabra "*to hate*" y te concentrarás en esta forma: *hate, hate, hate.* Así que lo estudias y lo memorizas. Es cuando empiezas a cometer errores, porque lo memorizaste casi todo de esta manera, sin otras palabras. Más tarde, tratarás de recordar todas las conjugaciones del verbo. Pero debido a que no aprendiste esto con otras palabras, podrías decir en ocasiones "*he hate ice cream*". Olvidarás la "s" porque nunca la aprendiste correctamente en una oración, en una frase. Y en una conversación no hay tiempo de pensar acerca de conjugaciones de verbos.

Aprender frases también ayudará a tu pronunciación. Uno de los problemas más grandes que veo con los estudiantes de inglés es que lo hablan con un extraño ritmo y entonación. Ritmo y entonación son la "música" del inglés. Mientras que muchos estudiantes se preocupan por la pronunciación de sonidos individuales como la "v", "b", "r" y "l", su principal problema es el ritmo no-natural.

El ritmo en inglés es creado por el patrón natural de pausas. Los que hablan inglés de nacimiento hacen pausas entre las frases. Hablan el idioma en frases, en trozos cortos de inglés. Dado que aprendieron inglés basado principalmente en frases, su pronunciación es clara y fácil de entender. Por otro lado, muchos estudiantes aprenden inglés memorizando palabras individuales, y cuando lo hablan, hablan palabra por palabra, una por una. Como resultado, frecuentemente hacen pausas en partes extrañas. Crean agrupamientos no-naturales de palabras. Esto genera un ritmo muy extraño e innatural que muchas personas de habla inglesa batallan para entender. Esto es muy frustrante para quien lo habla y para quien lo escucha.

Una de las formas más fáciles de mejorar el inglés hablado es, por lo tanto, aprender frases y hablar en frases, más que palabra por palabra. Este simple cambio hará que tu inglés hablado sea mucho más claro y fácil de entender. Sonarás más natural. Las palabras fluirán más fácilmente. Mejorarás tanto tu pronunciación como tu fluidez. Incluso, aprenderás gramática.

Dónde encontrar frases

Así que ¿de dónde obtiene un estudiante estas frases? ¿Cómo sabes cuáles aprender? La buena noticia es que las puedes encontrar en todos lados. Cualquier contenido en inglés tiene gran riqueza de frases. En un capítulo posterior, te diré específicamente dónde encontrar frases útiles en inglés. Pero por ahora concéntrate en conseguir frases de cualquier lugar donde escuches o leas inglés.

Para hacer esto necesitas empezar a llenar un cuaderno de "frases". Cada vez que veas o escuches una palabra o frase nueva, anótala en tu cuaderno. Cuando encuentres nuevo vocabulario en inglés en una lección, en algo que estás escuchando, en un libro o en un artículo, anota la frase. No sólo una palabra, anota la frase entera, y entonces repásala una y otra vez a diario. Al hacer esto, crearás un cuaderno lleno de frases y oraciones que podrás usar, no únicamente de palabras individuales. Estarás programándote para hablar en frases en vez de palabra por palabra.

Si estás viendo una película sobre un robo bancario, por ejemplo, podrías escuchar a algún personaje que diga *"They're getting away!"* Sabes que *"get"* significa obtener algo y que estás bastante seguro que *"away"* se refiere a "estar a cierta distancia" –como "bastante lejos"–.

Pero es confuso. Así que anota, *"They're getting away!"*. Entonces cuando lo busques en un diccionario de modismos, aprenderás que un significado de *"to get away"* es escapar. Podrías descubrir también que a veces cuando la gente se está yendo de vacaciones dice que están *"getting away"*. Incluso si has memorizado las palabras *"get"* y *"away"* en alguna lista de vocabulario, aun así no podrás entender lo que está diciendo el personaje de la película. Pero ya que anotaste la frase, conoces una nueva expresión que puedes usar en muchas situaciones diferentes.

Aquí tenemos otro ejemplo. Digamos que alguien describe a su mascota anterior diciendo *"He was a bad dog"*. Es una frase bastante sencilla, pero la anotas en tu cuaderno. Cada vez que la revises estudias la frase completa. Haciendo esto, estás obteniendo gramática gratis –*"He was"*–. Sabes que se trata de algo que sucedió en el pasado, no es *"He is"*, lo que significaría que el perro aún seguiría vivo. También consigues consejos gratis sobre el uso de palabras. Normalmente no decimos que era, por ejemplo, un *"horrendous dog"*, aun cuando el sentido es correcto. En inglés típico, no usamos esa palabra para describir a un perro. Esto no es lo que aprenderías de estudiar la definición de *"horrendous"*. Lo aprendes estudiando una frase.

Cuando anotes una frase, escribe de dónde procede. Si la viste en un artículo de periódico sobre economía, anótalo porque eso va a disparar tu memoria. Te recordará cómo fue usada la palabra y en qué contexto. Empezarás a aprender cuándo ciertas frases y palabras se usan y cuándo no. De esta forma, empezarás a tener un sentido sobre lo que es correcto y cómo formar oraciones.

MEJORANDO TU PRONUNCIACIÓN

La pronunciación es una gran preocupación para muchos estudiantes de inglés. El aprendizaje por frases te ayudará, pero hay otro ejercicio que puedes hacer para mejorar aun más. Uno de los grandes retos de la pronunciación es el problema de sentirse extraño cuando se trata de usar el acento de algún lugar.

Por ejemplo, muchos estudiantes se sienten raros cuando tratan de usar un acento americano. Sienten que no están siendo normales, o que no están siendo ellos mismos. Su voz les suena extraña a ellos mismos. Esto es normal porque hablar un idioma diferente te fuerza naturalmente a crear sonidos diferentes.

Entonces, ¿cómo desarrollar una pronunciación más natural en inglés? Una estrategia que sugiero es jugar un sencillo juego con las películas. En este juego tratas de convertirte en tu actor o actriz favorito. Esta es una variación de la técnica de la película que describiré con más detalle en un capítulo posterior. Cuando hablas, tratas de ser ese actor o actriz. En vez de preocuparte por tu inglés, concéntrate en hablar exactamente en la forma en que lo hace el actor.

Es importante pensar sobre esto como un juego e incluso exagerar la pronunciación, movimientos y expresiones faciales del actor.

A veces en mis propias clases imito al famoso actor John Wayne, que hizo de héroe en muchos viejas películas del oeste y que era considerado el típico americano. En mis clases camino alrededor como si estuviera usando botas vaqueras y listo para ir tras los chicos malos. Quizás tú te sientas más a gusto interpretando a Tom Cruise, Julia Roberts o alguna otra estrella... la idea es exagerar su pronunciación y proyectarse para hablar como ellos lo hacen. Diviértete, y te sorprenderás cuánto ayuda esto a tu pronunciación.

―――――――――――――――――――――――――

La primera regla del método Effortless English‾ es muy sencilla. Pero este cambio tan pequeño en la manera de aprender vocabulario mejorará tu gramática, pronunciación y memorización de palabras nuevas. La regla Uno es una pieza de conocimiento profundo que funciona sinérgicamente con las otras reglas.

En el siguiente capítulo aprenderás la que es quizás la regla más sorprendente del sistema Effortless English‾. La Regla Dos te libera del método de la traducción gramatical de las escuelas y elimina mucha de la aburrición y dolor del aprendizaje del inglés.

CAPÍTULO 10

La Segunda Regla:
estudiar gramática mata hablar en inglés

La segunda regla del método es la más impactante para la mayoría de los estudiantes. Después de años de estudiar inglés en escuelas, la mayor parte cree que el estudio de la gramática es la clave para hablar inglés. De hecho, muchos estudiantes simplemente no pueden imaginar aprender inglés sin estudiar reglas gramaticales. Tienen fuertes creencias profundamente programadas por el Currículum oculto.

Por esto, la segunda regla es un cambio tan grande. La segunda regla del método Effortless English¨ es: ¡NO estudies gramática! Sé que esto puede ser una idea difícil de aceptar. Veámoslo como es: todo el tiempo que has estado estudiando inglés te han dicho que debes aprender las reglas gramaticales –en primaria y secundaria, en preparatoria, en la universidad, en las escuelas de idiomas, en todo el mundo es gramática, gramática, gramática, gramática–.

Así que mi primera pregunta es: ¿qué tal funcionó esta estrategia para ti?, ¿Fue exitosa? Si estás leyendo este libro, probablemente has estudiado inglés durante años y te has concentrado mucho en reglas gramaticales. ¿Pero puedes hablar inglés fácil, rápida y automáticamente en este momento? ¿Todo este estudio de gramática ha producido el resultado que quieres?

Si la respuesta es *no*, eres normal. Porque a pesar de lo que has aprendido en la escuela, la verdad es que ese estudio de la gramática realmente daña tu inglés hablado. El problema con estudiar gramática es que en vez de hablar inglés te concentras en *analizarlo*. Llegas a ser como el futbolista que estudia física para mejorar. Adquieres mucha información pero tu habilidad nunca parece mejorar mucho.

Dicho de otra manera, *piensas* sobre el inglés en vez de usarlo. Piensas sobre el tiempo pretérito, el tiempo presente, el futuro, el presente perfecto, el pretérito perfecto. Bueno, para escribir inglés eso no es tan malo. Cuando escribes inglés, tienes tiempo. Puedes pensar acerca de las cosas pausadamente y te llevas tu tiempo. Puedes borrar tus errores. Es un problema menor. No necesitas escribir rápidamente.

Pero cuando se trata de hablar, no hay tiempo. Cuando hablas con la gente, no tienes tiempo de pensar acerca de las reglas para el presente perfecto en inglés. Si alguien te pregunta algo, tienes que responderle inmediatamente. No tienes tiempo para pensar en preposiciones. No tienes tiempo para pensar en tiempos verbales, posesivos, verbos compuestos – todos los otros términos lingüísticos que has aprendido–. No hay tiempo.

En Barcelona, un estudiante mío, llamado Óscar, alguna vez batalló con este mismo punto. Quería mejorar sus habilidades conversacionales, sin embargo, todo en lo que podía pensar era gramática. *¿Debo estar usando presente perfecto u otro tiempo?* Ése tipo de cosas. Decía que se sentía como encadenado y que las palabras simplemente no le brotaban. Así que dejó de estudiar gramática. Durante los meses siguientes, su inglés hablado mejoró dramáticamente. "*Sólo empezó a fluir, en lugar de yo estar pensando conscientemente en ello*".

La investigación apoya esto, razón por la cual lingüistas como Stephen Krashen recomiendan un enfoque más natural. Aprender un idioma, señala Krashen, "no requiere de uso extensivo consciente de reglas gramaticales y no requiere de repetición tediosa".

En un meta-análisis sobre enseñanza gramatical, investigadores encontraron que estudios del último siglo no han encontrado una razón relevante para la enseñanza de la gramática pura. La investigación es clara: aprender reglas gramaticales no mejora tu gramática hablada. Lo has visto con tu propia forma de hablar. ¿Cuántas veces veces has cometido un error gramatical al hablar, aun "sabiendo" la regla correcta?

Por ejemplo, muchos estudiantes que se desempeñan bien en exámenes escritos sobre gramática tienen una gramática hablada terrible. Te pueden decir que el tiempo pretérito de "teach" es "taught". Sin embargo, cuando lo hablan dicen "last year he teach me". Saben la regla intelectualmente, pero esto no les ayuda en su manera de hablar.

Otro problema común es hablar lentamente y titubeando. Mientras habla, un estudiante constantemente estará pensando en conjugaciones verbales. Todo este análisis vuelve más lento su hablar, haciéndolo irritante e innatural para el que escucha. Aun cuando se las arreglan para hablar correctamente, matan la comunicación natural al ser tan lentos y vacilantes.

Como se oye el inglés típico

Una conversación en inglés es engañosa. La conversación común no es como la que aprendiste en la escuela. En realidad, con frecuencia suena totalmente diferente.

Una diferencia clave es el hecho de que una plática común rara vez usa oraciones completas o "gramaticalmente correctas". Claro, en la escuela, ésos son los únicos tipos de oraciones que aprendes. Aprendiste acerca del sujeto-verbo-objeto. Aprendiste a evitar fragmentos de oraciones.

Luego oyes una conversación real en inglés con gente lo habla de nacimiento y descubres que ¡usan PRINCIPALMENTE fragmentos de oraciones!

Esto es algo de lo que me di cuenta inmediatamente cuando leí las transcripciones de algunas de nuestras lecciones de Effortless English". Sabía que la mayoría de nosotros tiende a usar una gran cantidad de fragmentos en las conversaciones normales, pero estaba aun más sorprendido de qué tan frecuente lo hacemos.

De hecho, constantemente hablamos con oraciones parciales. Constantemente usamos oraciones "corridas". Constantemente interrumpimos nuestras oraciones y cambiamos nuestros pensamientos a la mitad de la conversación. Una transcripción de una conversación común –esto es, una conversación totalmente espontánea y natural– es completamente diferente a cualquier cosa que encuentras en un libro de texto.

Y esa es solamente una diferencia –hay muchas otras diferencias mayores entre las conversaciones comunes en inglés y las conversaciones de libro de texto o también llamadas "diálogos"–.

Esto ayuda a explicar porqué aun los estudiantes "avanzados" tienen tanto problema cuando llegan a Estados Unidos. Si bien estos estudiantes pueden tener un buen vocabulario individual (generalmente formal), no tienen exposición en absoluto al inglés que se habla en la vida diaria. En la escuela aprendieron cómo "debe" hablarse el inglés –pero lo que necesitaban era aprender cómo REALMENTE habla inglés la gente–.

LA VERDAD SOBRE LA GRAMÁTICA

En ocasiones, la gente me pregunta "A.J., ¿por qué estás en contra de la gramática?". Pienso que es importante aclarar que definitivamente NO estoy en contra de la gramática. Sólo pienso que la gente necesita aprenderla intuitivamente. Como profesor, necesito enseñarla indirectamente.

¿Qué significa exactamente "gramática intuitiva"? El dominio intuitivo de la gramática hablada se basa en una "sentido de la corrección". Este es el método que usan los que hablan inglés de nacimiento para aprender y dominar la gramática inglesa. Al evitar el estudio de la gramática, aprendiendo frases, y usando otros métodos naturales, el estudiante de habla inglesa aprende a identificar lo que "suena correcto".

Tú haces lo mismo con tu propio idioma. Al hablarlo, no piensas acerca de tiempos verbales u otra gramática. Si oyes que otra persona comete un error, sabes que es un error porque "suena mal".

El dominio intuitivo de la gramática es el único tipo del aprendizaje de la gramática que funciona en las conversaciones rápidas en inglés. Tu intuición es rápida, tu mente analítica consciente no lo es. Debes aprender a confiar en el proceso natural y dejar que tu gramática mejore automáticamente.

Mis estudiantes generalmente caen en dos categorías: los que se emocionan por la regla dos, y los escépticos. Usualmente le digo a este segundo grupo que dé un brinco de fe. Que sean científicos. Has pasado muchos años tratando de aprender inglés en la forma tradicional y mira el resultado.

Así que trata de hacer un pequeño experimento. En los próximos seis meses, dedícate por completo al método Effortless English™. Usa el sistema psicológico. Usa todas las siete reglas. Pon todo tu esfuerzo en los próximos seis meses.

Después, revisa el resultado. ¿Mejoró tu inglés hablado? Compara los resultados que obtuviste con seis meses de Effortless English™ con los resultados que lograste con los viejos métodos de escuela. Si los resultados con Effortless English™ son mejores, y para la mayoría de la gente lo son, entonces continúa usando el Effortless English™. Si aun sientes que la traducción gramatical es mejor para ti, siempre podrás regresar a ese método.

El Currículum Oculto puede ser difícil de romper

Cuando enseñaba inglés en San Francisco, tenía dos estudiantes coreanas llamadas Jinny y Jacky (sus apodos americanos). Cada una de estas estudiantes sufría con su inglés hablado y ambas querían asistir a una universidad americana. Para ser aceptadas en una universidad, las estudiantes tenían que pasar el nuevo examen TOEFL, que incluía secciones de escuchar y hablar inglés.

Jinny y Jacky habían pasado años estudiando gramática inglés en Corea. Como resultado, su habla era lenta, innatural y vacilante. Se sentían nerviosas cuando hablaban, estando constantemente preocupadas por cometer un error.

Como estudiantes de mi clase, le enseñé a cada una la Regla Dos. Les dije que dejaran de estudiar gramática. Les dije que se deshicieran de sus libros de gramática y de sus libros TOEFL. Les dije que hicieran lo posible para incluso dejar de pensar en gramática.

Al principio, ambas estudiantes estaban escépticas porque este consejo iba contra todo lo que habían aprendido en la escuela. Jinny finalmente decidió aceptar mi consejo, en tanto que Jacky no lo hizo.

Durante los siguientes meses, Jinny evitó totalmente el estudio de la gramática. Jacky, desafortunadamente, continuó. Con frecuencia veía a Jacky estudiando gramática y libros TOEFL en una cafetería después de clase.

Gradualmente, Jinny empezó a sentirse más relajada con el inglés. Su conversación llegó a ser más natural y fluida. ¡Estaba emocionada con su avance! Jacky no mejoró. Vino conmigo, y de nuevo, me pidió consejo. No había logrado alcanzar, una vez más, la calificación TOEFL requerida.

Nuevamente, le di a Jacky el mismo consejo: deja de estudiar gramática. Sin embargo, a pesar de su continuo fracaso, simplemente no podía creerme. Las creencias del Currículum oculto eran tan fuertes que sencillamente no podía aceptar otra opción. Así que continuó concentrándose en libros de gramática y de TOEFL.

Cuando dejé ese trabajo, Jinny había ingresado a una universidad americana. Jacky, sin embargo, seguía atorada en su escuela de idiomas. Seguía estudiando gramática y seguía fracasando en lograr el éxito.

La cuento de Jinny y Jacky es impactante porque nos muestra cuan fuerte puede ser el Currículum oculto. A pesar de años de frustración y fracaso, algunas personas no pueden liberarse del estudio gramatical. Continuarán usando el mismo método fallido por años, sin nunca aprender a hablar inglés fluidamente.

Para mí, esa es la peor tragedia del currículum oculto. Estas creencias limitantes encarcelan a muchas personas en una espiral descendente de fracaso. Me entristece observar este ciclo de frustración y estrés.

Para algunos puede ser difícil aceptar la Regla Dos, pero esta regla es esencial para tu éxito en hablar inglés. Como Jinny e innumerables miembros de Effortless English¨ lo han demostrado, la gramática hablada puede ser dominada sin estudiar reglas gramaticales.

Lo que quiero que recuerdes es muy simple: no estudies reglas gramaticales. Si te concentras en reglas gramaticales, se dañará tu inglés hablado. Hablarás más lentamente. Entenderás más lentamente. En pocas palabras, la gramática mata tu inglés hablado.

Entonces, si tienes libros de gramática, deshazte de ellos. Diles adiós a los libros gramaticales para siempre. Si quieres, hasta puedes quemarlos, préndeles fuego. Ten una pequeña celebración. Porque la traducción gramatical es peor que inútil, realmente daña tu habilidad para hablar.

Para practicar

Ejercicio: tómate una vacación gramatical. Decide que durante los próximos seis meses no vas a estudiar gramática. Es más, pon tu mejor esfuerzo para olvidar completamente las reglas gramaticales. Desaprende esta información evitando los libros de gramática. Cuando sea que te des cuenta que estás pensando en gramática, cambia tu enfoque de inmediato. Durante este periodo, en lugar de preocuparte por errores, acéptalos. Acepta que los errores son normales y necesarios.

Concéntrate en comunicarte. La verdad es que los que hablan inglés de nacimiento te entenderán, incluso si cometes errores gramaticales. En tanto que las escuelas odian los errores, a la gente normal no le importa. Simplemente quiere escuchar tus ideas, tus sentimientos, tus pensamientos. De hecho, quienes nacieron hablando inglés también cometen errores gramaticales, y no se trastornan por esto.

CAPÍTULO 11

La Tercera Regla:
aprende con tus oídos, no con tus ojos

Mi tercera regla para aprender a hablar inglés es sencilla, pero también poderosa. De hecho, generalmente digo que es la regla más importante porque trata de cómo todos aprendemos un idioma de niños. Es una cosa tan fácil de hacer que te preguntas por qué la mayoría de las clases de inglés no la enfatizan más.

Aquí la tienes: *aprende con tus oídos, no con tus ojos*. Es cierto. Si quieres hablar un inglés excelente, tienes que escuchar. Escuchar, escuchar y escuchar más es la clave para hablar inglés en forma excelente. Si lo escuchas mucho, vas a aprender vocabulario. Aprenderás gramática. Hablarás más rápidamente y entenderás lo que la gente te está diciendo. Harás todo esto de manera más natural y agradable. Imitarás el proceso que los bebés y niños pequeños usan para aprender un idioma.

La investigación académica sobre el aprendizaje de idiomas ha encontrado consistentemente que escuchar es el factor más determinante para dominar los idiomas en general –y en particular en las fases iniciales–. De hecho, esto es cierto incluso si no entiendes la mayor parte de lo que estás oyendo. Esto se debe a que nuestra habilidad para aprender nuevas palabras está directamente relacionada con qué tan frecuentemente oímos las combinaciones de sonidos que conforman esas palabras. Dice el doctor Paul Sulzberger, un investigador de la Victoria University de Nueva Zelanda, quien en 2009 condujo un estudio sobre esta materia: "el tejido neuronal que se requiere para aprender y entender un nuevo idioma se desarrollará automáticamente a partir de una simple exposición al idioma… así es como los bebés aprenden su primer idioma".

¿Recuerdas el proceso usado por bebés y niños? Los bebés aprenden al escuchar. No estudian reglas gramaticales. No utilizan libros de texto. No presentan exámenes. Y sin embargo, los niños pequeños dominan el inglés hablado, incluida la gramática. En realidad, los expertos dicen que 80 por ciento del tiempo que estudias inglés debe ser invertido en escuchar, aun después de que dejas de ser un principiante. Desafortunadamente, las clases de idiomas más tradicionales no enfatizan el escuchar. Así que si estudiaste inglés en la escuela, probablemente aprendiste más con tus ojos. He observado muchas clases de inglés en muchos países y todas son lo mismo. La mayoría de los profesores de inglés –ya sea en primaria y secundaria, preparatoria, universidad o escuelas privadas– se concentran en libros de texto en el salón de clases. Puede haber quizás "ejercicios de comunicación", pero toda la clase se define y maneja por un libro de texto.

Ahora, si tu objetivo es obtener un grado en inglés de una universidad, esta es una buena manera para estudiar. Pero si quieres hablar inglés común y corriente, estos tipos de métodos tradicionales no te van a ayudar a lograrlo. ¿Por qué? Porque incluso, si estudias durante muchos años, básicamente habrás aprendido inglés de manera analítica. Habrás aprendido a pensar acerca del inglés, hablar acerca del inglés y a traducir el inglés. Puede ser que también sepas mucho sobre reglas gramaticales. Seguramente, sabrás más sobre reglas gramaticales que la mayoría de los americanos, canadienses, y británicos, porque quienes hablan inglés de nacimiento no estudian mucho esas cosas.

La conversación en inglés es diferente.

Los que nacieron hablando inglés lo aprendieron con sus oídos, escuchando, escuchando, escuchando, y eso es lo que debes hacer si quieres hablar inglés rápida, automática y naturalmente, tal como una persona que lo aprende desde que nace.

El factor más importante para aprender inglés es lo que el doctor Stephen Krashen llama "información comprensible". En otras palabras, información entendible. La información se refiere a lo que está llegando a tu cerebro. Recibes Información del inglés de dos formas: por medio de escucharlo y por medio de leerlo. Algunos tipos de lectura son muy útiles y beneficiosos. Sin embargo, el tipo de conocimiento más poderoso para aprender a hablar un idioma es escuchándolo.

Se ha demostrado que los métodos de información comprensibles (entendibles) son más efectivos que los métodos tradicionales (estudio de gramática, repeticiones, ejercicios, prácticas para hablar). La investigación muestra que el hablar un idioma es resultado de escucharlo.

Piensa en los bebés y niños nuevamente. Escuchar siempre es el primer paso. Ningún niño empieza a hablar antes de entender lo que escucha. Siempre escuchan por un largo tiempo, hasta que entienden mucho del lenguaje. Entonces, y sólo entonces, empiezan a hablarlo. Este "periodo silencioso" de escuchar es vitalmente importante para el proceso de aprender un idioma en forma natural.

Otra propiedad del aprendizaje natural de idiomas es que el habla surge naturalmente de escuchar. El habla no es una habilidad que es practicada o enseñada conscientemente. Más bien, después de un buen tiempo de escuchar y entender, un niño, de pronto, empezará a hablar. Pareciera que sucede por magia. La habilidad de hablar surge de la habilidad de escuchar.

El investigador James Crawford ha encontrado que hablar inglés es el resultado de escuchar y que la fluidez en inglés frecuentemente ocurre con sólo escucharlo. Él plantea que el aprendizaje del inglés es un proceso inconsciente y que mientras está sucediendo no estamos conscientes de que está sucediendo.

Puedes pensar sobre esto como una semilla en la tierra. La semilla, el potencial para hablar, siempre está ahí. Sin embargo, la semilla necesita agua para crecer y brotar de la tierra. Igualmente, nuestros cerebros necesitan mucha comprensión auditiva para que surja el hablar sin esfuerzo.

Como podrás imaginar, dado que los niños pasan tanto tiempo escuchando antes de hablar, su habilidad de escuchar siempre es mayor que su habilidad para hablar. En otras palabras, los niños siempre entienden más inglés que el que realmente usan para hablar. Al usar el sistema Effortless English™ experimentarás la misma cosa. Tu habilidad para escuchar crecerá de manera natural y más rápidamente que tu habilidad para hablar. Algunos estudiantes se preocupan por esto, pero es el proceso natural y correcto.

Otra manera de pensar al respecto es que el escuchar conduce al hablar y lo arrastra consigo. Escuchar es como un globo con una cuerda atada al hablar. Conforme el nivel de escuchar se eleva, jala hacia arriba la habilidad para hablar. Ambos suben juntos, pero la habilidad para escuchar siempre estará más arriba.

"PERO PUEDO ENTENDER EL INGLÉS ESCRITO PERFECTAMENTE"

Muy seguido escucho esto de los estudiantes que no entienden porqué comprenden muy bien el inglés escrito, pero no lo pueden hablar bien. Una razón es porque la conversación en inglés es bastante diferente al inglés leído. La conversación utiliza un tipo de inglés diferente, incluido un vocabulario diferente.

El vocabulario conversacional en inglés es mucho más informal. En inglés, esto significa que usamos más palabras del inglés sajón o antiguo durante la conversación. También usamos más verbos compuestos (frases de dos o tres palabras, ya sea con un verbo y un adverbio, o con un verbo y una preposición, como *get away, calm down* or *cheer someone up*).

La diferencia entre la conversación y el inglés más formal es una razón por la que aun los estudiantes "avanzados" tienen dificultad con las conversaciones cotidianas. El problema es que los estudiantes aprenden más inglés formal en la escuela. El inglés formal tiende a usar más palabras de origen francés o latino. Este tipo de inglés es, de hecho, mucho más fácil para los estudiantes que hablan lenguas romances como el español, italiano, portugués o francés. Estos estudiantes con frecuencia lo hacen bastante bien cuando leen inglés, pero tienen mucha dificultad para entender la conversación común y corriente.

Por lo anterior, si quieres comunicarte con gente que nació hablando inglés, es muy importante aprender de conversaciones y audios en inglés, no sólo de libros de texto y de lectura.

Aprende conversación en inglés

Es por esto que escuchar es tan importante. Escuchar provee las bases para hablar. A medida que mejora tu habilidad para escuchar, también jalará consigo tu habilidad para hablar. Demasiados estudiantes se concentran únicamente en hablar y descuidan escuchar. Sin embargo, ¿de qué sirve hablar si no puedes entender a la otra persona?

Otra razón por la que es importante escuchar es porque la dinámica del inglés hablado es completamente diferente a la del idioma escrito. Para empezar, la gramática es diferente dado que raras veces hablamos con oraciones completas. El vocabulario también es diferente pues al hablar hay muchas más expresiones idiomáticas y lenguaje coloquial. (Ver cuadro.)

Y lo más importante: la velocidad es diferente. La conversación es rápida. Ultra rápida. Tan rápida que no tienes tiempo de pensar en traducciones, o reglas gramaticales, o lecciones de libro de texto o pronunciación. No hay tiempo. Tu cerebro consciente simplemente no puede analizar, traducir, y organizar una conversación común. Esta es la razón por la que hablas tan lentamente el inglés. Esta es la razón por la que no puedes entender a dos personas que hablan inglés de nacimiento cuando hablan entre sí.

De hecho, con el fin de desempeñarte bien a velocidades de conversación común, debes apagar tu cerebro consciente y dejar que el inconsciente haga su trabajo. Para hacerlo, debes usar métodos que despierten tu inconsciente. Debes aprender holística, intuitiva y naturalmente.

Básicamente, esto significa escuchar mucha conversación en inglés entendible… y hacerlo repetidamente. Al escuchar, se tranquiliza tu mente consciente y sólo permite a tu cerebro entender el significado global de las palabras. No tratas de elegir palabras individuales. No te preocupas por esas pocas palabras que no entiendes. Te relajas y permites que el significado te llegue. Tu mente está abierta y tranquila. Y entonces, al hablar, sólo dejas que las palabras salgan. No sufres. No analizas. No piensas en reglas. No te preocupas por los errores. No piensas en traducciones. Únicamente, dejas que las palabras broten de tu boca sin esfuerzo. Esto es lo que mis estudiantes han aprendido a hacer. Lleva tiempo, pero al concentrarte en escuchar y aprender inglés sin esfuerzo, tu fluidez, confianza y exactitud crecen.

Menos estrés

Hay otro beneficio de pasar mucho tiempo escuchando inglés: reduce la ansiedad que frecuentemente siente la gente cuando habla un idioma nuevo. Muchas clases de inglés empujan a los estudiantes a hablar de inmediato, pero ésta no es una manera natural.

En realidad, que se te requiera que hables tan pronto puede disminuir tu aprendizaje del idioma. Tu cerebro no ha tenido suficiente tiempo para procesar las nuevas palabras y almacenarlas en tu memoria. Así que aunque puedas repetir frases comunes en inglés, seguirás sin entender lo que te dice la gente. Ésta es una situación innatural y estresante.

En un estudio sobre estudiantes de inglés de primer nivel, investigadores encontraron que aquellos que no fueron forzados para hablar, pero que fueron entrenados en comprensión auditiva, lo hicieron mejor que los estudiantes a quienes se enseñó usando métodos convencionales. Además, retrasar el hablar también tuvo un efecto positivo en las actitudes generales de los estudiantes acerca del inglés y mantuvo al salón de clases libre de ansiedad.

El doctor J. Marvin Brown llevó esta idea aun más lejos. El doctor Brown, director de un programa de idioma Thai para extranjeros, creó un programa que imita el periodo de silencio de los bebés y niños pequeños. En su programa AUA Thai, los estudiantes escuchaban tailandés entendible todos los días, pero no lo hablaron durante seis meses o más. Los estudiantes se concentraron totalmente en aprender con sus oídos.

Para muchos extranjeros, el tailandés es un idioma difícil de pronunciar. El doctor Brown encontró que el periodo silencioso tuvo un efecto muy positivo en los estudiantes, el cual les produjo posteriormente una pronunciación superior, mucho más cercana a la de una persona que habla tailandés de nacimiento.

El mismo principio funciona con el inglés. Si bien un periodo silencioso no es necesario para la mayor parte de los estudiantes de nivel intermedio, aun puedes intentarlo. ¿Por qué no enfocarnos completamente en escuchar durante unos meses y después volver al inglés hablado? Probablemente encontrarás que tu inglés hablado ha mejorado aunque nunca lo hayas practicado.

¿Qué debes escuchar?

Lo más importante que hay que tener en mente es que debes escuchar inglés fácil. Tiene que ser fácil para ti. Esto significa que debes entender lo que se dice en un 95% o más. Esto es sin detener el audio y sin un diccionario. Así que debe ser bastante fácil. Digo esto porque el deseo natural de la mayoría de los estudiantes es escoger algo más difícil pensando que esto les va a ayudar. Suena más impresionante decir "estoy escuchando CNN" que un programa infantil. Si escoges algo demasiado difícil puedes frustrarte. Con algo fácil aumentas tu confianza.

Recuerda la idea del doctor Krashen de información comprensible. Si no entiendes, no aprendes. No entender significa no mejorar. Escuchar algo fácil es casi siempre mejor que escuchar algo difícil. Posteriormente, necesitarás estar listo para material más difícil, pero llévate tu tiempo y escucha mucho inglés fácil.

Si estás empezando, trata de escuchar programas infantiles pues su inglés tiende a ser más simple. Puedes comprar audiolibros en línea y descargarlos, y así tenerlo inmediatamente para que puedas empezar.

Si te encuentras escuchando algo más difícil, puedes aprovecharlo, pero generalmente necesitarás el texto. Puedes escoger un artículo de audio o una conversación, y usar el texto para que puedas leer y escuchar al mismo tiempo. Para los estudiantes más avanzados, otra gran fuente de conversaciones informales es las películas. Escuchar películas americanas o inglesas y leer sus subtítulos. Esto también te ayuda. Sólo recuerda que escuchar es la cosa más importante. Para obtener lo más posible de las películas, utiliza la técnica de cine descrita a continuación.

Si no tienes un aparato de audio o un smartphone, consíguete uno. Te permitirá escuchar inglés adecuadamente cuando puedas. Escucharlo en las mañanas cuando te levantas. Escucharlo cuando vas a trabajar o cuando estás en casa. Escucharlo a la hora de la comida. Escucharlo cuando regresas a casa del trabajo. Escucharlo en las tardes. Escucha mucho, mucho inglés, mucho inglés fácil. Yo incluso tengo un podcast de Effortless English" gratis en iTunes y lo puedes escuchar. Escuchar, escuchar, escuchar.

La Regla Tres es la razón por la que todos mis cursos están basados en audio. El Effortless English" es un sistema para escuchar en el que la mayor parte del aprendizaje se hace a través de los oídos. Está bien usar textos para ayudar a entender, pero dedica el mayor tiempo y esfuerzo en aprender con audios.

No importa cómo decidas hacerlo, es importante escuchar inglés lo más que puedas. Algunos de mis estudiantes han estado renuentes al principio. Pero la mayoría dice que tener la libertad de escoger lo que escucha lo hace entretenido. En lugar de sufrir a lo largo de un aburrido libro de texto, puedes descansar y escuchar algo que te interesa.

MÁS PRÁCTICA DE ESCUCHAR

¿Buscas otra gran alternativa de practicar escuchar inglés? A lo mejor te gustaría seguir mi programa semanal llamado Effortless English™ Show. Hago un show de discusión abierta («talk show») sobre cómo dominar el inglés hablado. Este show es una forma excelente de escuchar inglés fácil. Como sabe la mayoría de los miembros de Effortless English™, escuchar inglés fácil y relajadamente es una clave importante para hablarlo con fluidez.

Para hablar inglés fluidamente debes escuchar mucho inglés –preferentemente inglés fácil y comprensible–. Mi show es una forma de contar con mucho audio en inglés. Es un gran complemento de otras lecciones o materiales en inglés.

¡Es muy fácil llegar a mi show! Únicamente "sígueme" en Twitter. Ve a Twitter.com/ajhoge. Si no tienes cuenta en Twitter, crea una. Después vas a mi página y haces click en "Follow". ¡Es todo! Es facilísimo.

Revisa cada semana mi página en Twitter y busca "tweets" sobre el siguiente show Effortless English™. Haz click en la liga de cada tweet para ver videos y descargar audios.

Si prefieres, puedes buscar el Podcast Effortless English™ en iTunes, donde coloco todos los audios grabados del show.

Las grabaciones de video de shows anteriores también están disponibles en mi canal de YouTube, que es otra fuente de audios en inglés y sugerencias para aprender.

Suscríbete a mi canal en YouTube en: Youtube.com/ajhoge.

Práctica para escuchar

Para ayudar a los estudiantes a mejorar su forma de escuchar, con frecuencia sugiero un ejercicio conocido como la "Técnica de películas". Para realizar esto, necesitas escoger una película en inglés que te guste. De nuevo, escoge una que sea relativamente fácil, en la que puedas entender la mayor parte de las palabras que se usan.

Empieza por observar la primera escena. Esto debe durar de 3 a 5 minutos. Activa los subtítulos en inglés. Conforme avanzas, haz una pausa si hay algo que no entiendes. Busca el significado de la palabra o frase en un diccionario de modismos. Observa la escena hasta que conozcas todas las palabras y las entiendas.

Al día siguiente, observa la misma escena nuevamente, varias veces. Una vez que entendiste el vocabulario, desactiva los subtítulos. Vuelve a ver la escena escuchando sin ver los subtítulos. Haz esto todos los días durante los siguientes cinco días aproximadamente. Podrías pasarte cuatro o cinco días en una escena, pero está bien. Con cada repetición mejoras tu habilidad para escuchar inglés.

Ahora, observa la escena nuevamente, pero trata de poner pausa después de cada oración o frase. Repite la oración en voz alta. Es más, no sólo repitas la oración, actúa la escena. Imita la conversación de los actores. Imita sus movimientos, expresiones faciales y emociones. Trata de ser los personajes de la escena. ¿Recuerdas el ejercicio de pronunciación de las películas? Ésta es otra versión.

Toda esta técnica de película podría llevarte una semana completa en una sola escena. Cuando sientas que has dominado la escena, puedes empezar de nuevo todo el proceso con la siguiente escena. Podría llevarte varios meses terminar una película para aprenderla totalmente, pero ése es el punto. Esta técnica de películas es una forma de aprender y dominar totalmente todo el inglés usado en una película. Este método mejorará tu escucha, tu fluidez y pronunciación. Si únicamente observas una película una vez, sin seguir este proceso, obtendrás poco o ningún beneficio.

¿ESCUCHAR MÚSICA MEJORARÁ MI INGLÉS?

Me hacen mucho esta pregunta. En lo personal, no recomiendo aprender inglés a través de la música. Tengo estudiantes que se me acercan con la lirica de canciones, y no puedo entender la mitad de las palabras que dice el cantante. La música es una forma de arte con gran cantidad de imaginación en el lenguaje. Incluso gente de habla inglesa de nacimiento a menudo no sabe lo que dice el cantante. De igual forma, la pronunciación usada en las canciones no es la normal. Los cantantes cambian con frecuencia la pronunciación natural para que las palabras encajen en la melodía. En términos de aprender inglés, es mucho más eficaz ver televisión o películas. El significado de lo que la gente dice es generalmente más claro, y también cuentas con los videos que te dan apoyos visuales que te ayudan a entender. Así que, por favor escucha música en idioma inglés si te gusta como suena, pero no esperes que ayude a tu propia comunicación en inglés.

CAPÍTULO 12

La Cuarta Regla: la repetición es la clave para hablar con maestría

Quieres aprender inglés y quieres hacerlo bien AHORA MISMO. El problema es que la mayoría de las clases se dan demasiado rápidamente como para que los estudiantes dominen el material antes de pasar a algo nuevo. En este capítulo nos enfocaremos en la cuarta regla de Effortless English™, la cual aconseja que te des tu tiempo y *aprendas a profundidad*.

¿Qué significa aprender a profundidad? Significa aprender inglés al punto de hablarlo y entenderlo en automático. Con frecuencia la gente sabe mucho de gramática y vocabulario en inglés, sin conocer el idioma a profundidad. Cuando se trata de hablarlo, están traduciendo vocabulario y analizando tiempos verbales en sus cabezas o están sufriendo para entender el significado de lo que alguien les dice. Effortless English™ enfatiza el entrenamiento para el dominio.

Aprendizaje profundo significa repetir lo que has aprendido una y otra vez. Esto podría percibirse muy diferente a la manera en que aprendiste en la escuela. La mayoría de las escuelas ejercen mucha presión para que avances rápidamente. Siempre están tratando de empujar a los estudiantes a aprender más gramática o cierto número de palabras nuevas cada semana. Los profesores se apoyan en libros de texto y tratan de terminarlos en fechas previstas. El problema para los estudiantes es que pueden aprender mucho de algo, pero luego lo olvidan. O recuerdan la idea básica pero no la pueden aplicar.

Toma por ejemplo el tiempo pretérito. Si has estudiado inglés antes, es probable que hayas aprendido el tiempo pretérito. También es muy probable que lo hayas estudiado en un libro de texto, y ¡ZAS!, muy rápidamente avanzaste. Continuaste aprendiendo más gramática, posesivos, el tiempo futuro o el tiempo presente perfecto.

Ahora, si alguien te pregunta si conoces el tiempo pretérito, dirías "claro". Pero la realidad es que no has dominado el tiempo pretérito. Pasaste el material tan rápidamente que nunca lo aprendiste a profundidad, como una persona que lo habla de nacimiento. Por eso aun cometes errores con el tiempo pretérito. Aun cuando hayas podido estudiar inglés por muchos años, sigues cometiendo errores porque no lo haces en automático. No aprendiste a profundidad.

Domina las bases

Para entender mejor el aprendizaje profundo, una vez más veamos el mundo de los deportes. Imagina, por ejemplo, a un golfista profesional. ¿Cómo es que un golfista profesional domina el juego y continúa mejorando?

La habilidad más importante para un golfista es dominar su swing. Un profesional practicará su swing quinientas veces al día, o más, todos los días. Un buen golfista nunca dice "Está bien, ya sé cómo ejecutar swings, así que ahora necesito hacer otra cosa ". Los golfistas entienden que la mejor forma de dominar el juego es dominando unas cuantas habilidades básicas. Practican esas cuantas habilidades cientos de veces al día, durante años y años –posiblemente durante toda su vida–.

Desafortunadamente, muchos estudiantes de inglés fallan en entender la importancia del aprendizaje profundo. En mis clases de inglés, frecuentemente paso buen tiempo repitiendo y revisando lenguaje de lo más común y útil. A veces algún estudiante se queja. Dice, por ejemplo, "Quiero aprender gramática avanzada. Ya sé el tiempo pretérito".

Sin embargo, en una conversación informal, este mismo estudiante frecuentemente comete errores con el tiempo pretérito. Dice "go" cuando debe decir "went". No entiende la diferencia entre conocimiento y dominio.

Recuerda, el conocimiento es algo que analizas y piensas. La habilidad es algo que haces. Conocer el tiempo pretérito es inútil. Debes de ser capaz de usar el tiempo pretérito instantánea y automáticamente en conversaciones comunes. Necesitas habilidad en inglés, no conocimiento en inglés.

Cómo aprender a profundidad

Si esto te suena familiar, no te desesperes. Puedes acercarte mucho más a tu meta de hablar inglés excelente, simplemente ajustando la manera en que aprendes. Necesitas bajar el ritmo y repetir todo lo que aprendes una y otra vez. Por ejemplo, yo les digo a los miembros de mis cursos que repitan cada lección diariamente durante al menos siete días. Esto incluso aplica para los que piensan que lo saben muy bien después de haberla escuchado un par de veces. Si aun así es difícil, les aconsejo escuchar la lección diariamente durante dos, tres, o hasta cuatro semanas. Recuerda, no es una carrera. El punto no es memorizar o recitar frases como un pájaro, sino verdaderamente entender profundamente las frases que estás aprendiendo.

Seguido me llega una pregunta de un estudiante como esta: "¿A.J., puedo aprender dos lecciones en una semana?" Ésa es una buena pregunta. La gente quiere ir más rápido. Quiere hacer más. Lo entiendo. Pero si le preguntas a cualquiera de mis estudiantes avanzados, todos te darán la misma respuesta: No.

¿Por qué? Porque el aprendizaje profundo es importante. Necesitas repetir cada audio todos los días durante siete días. Más es muy bueno. Sí, 14 días es mejor, 30 días es aun mejor. Con menos de siete días no se logrará obtener el resultado esperado. No estarás haciendo suficientes repeticiones para lograr que el material penetre profundamente. Es retador controlar tu paso, porque sé que mucha gente piensa que más rápido es mejor. Pero así no funciona. Necesitas repetir cada audio al menos una vez al día durante siete días. Haces esto porque quieres que tu conocimiento llegue al fondo y más al fondo. Estás aprendiendo para dominar el inglés.

A Julia, una estudiante de Italia, al principio le costaba trabajo aceptar esta idea. Pensaba que se aburriría y que podría ser una pérdida de tiempo. Pero quería mejorar su inglés y estuvo dispuesta a probar. Con el tiempo, se dio cuenta de que había pasado años aprendiendo inglés, pero no de una manera profunda. "Cuando estudiaba la segunda lección", decía, "ya había olvidado la primera".

Hoy en día, Julia a veces escucha un audio durante un mes entero antes de continuar. "Ya no es difícil", dice, "he desarrollado una manera de escuchar y aprender a profundidad y esto realmente ha ayudado a mi inglés".

Así que, si tienes un artículo en audio o un podcast, algo que escuches y te guste, no sólo lo escuches una vez. Una vez no es suficiente. Cinco veces no es suficiente. Debes escuchar ese artículo, discurso, o lo que sea, 30 veces. O quizás 50 veces, 100 veces o aun más.

Después de que hayas aprendido el vocabulario, sigue escuchando.

Porque conocer el vocabulario significa que puedes presentar el examen y responder su significado, pero cuando lo oyes ¿lo entiendes instantáneamente? ¿Puedes usarlo rápida, fácil y automáticamente? Si la respuesta es "no", necesitas estudiarlo de nuevo, necesitas escuchar ese audio una vez más. Muchas, muchas veces. Éste es uno de los secretos para hablar más rápido y para realmente aprender gramática y usarla correctamente.

Eres como el golfista profesional que practica su swing cientos de veces al día. El golfista siempre está buscando formas de mejorar esa misma habilidad fundamental. El golfista se da cuenta que la maestría de las cosas fundamentales es más importante que mucho conocimiento avanzado.

Por ejemplo, podrías escuchar un cuento en tiempo pasado una y otra vez por dos semanas. Después, escucharás otro cuento por dos semanas, y quizás otro más en tiempo pasado por el mismo periodo. Nunca paras. Soy angloparlante y toda mi vida he estado aprendiendo el tiempo pasado. Aún escucho el tiempo pasado ahora, y lo seguiré escuchando mientras viva. He escuchado las mismas palabras de vocabulario común y corriente todos los días, miles y miles de veces, y seguiré escuchándolas. Esto me ha permitido usarlas rápida y automáticamente.

Ése es el secreto. Nunca paras. Solamente necesitas más repetición. Concéntrate en las palabras más comunes, los verbos más comunes, las frases más comunes, por medio de escucharlas y luego de repetirlas, repetirlas, repetirlas. Cuando haces esto, desarrollas ese "sentido de la corrección" y usarás el inglés más natural y automáticamente.

Quizás estás pensando "¿pero no me aburriré de escuchar la misma cosa una y otra vez?". Claro que esto es posible. La mejor manera de evitar la aburrición es escoger material que te sea extremadamente interesante.

¿Cómo encuentras material extremadamente interesante? Una forma es aprendiendo sobre algo que te encanta, pero en inglés. Por ejemplo, si te gustan mucho las novelas románticas en tu propio idioma, ¡consíguelas en inglés! Encuentra audiolibros románticos fáciles y escúchalos todos los días. También encuentra las versiones en texto y léelas mientras escuchas. Si te encantan los negocios, entonces aprende sobre negocios en inglés. Usa el inglés como un medio de aprender otros conocimientos y otras habilidades. Cuanto más te concentres en contenido extremadamente interesante, tanto más fácil será repetirlo frecuentemente. Disfrutarás escucharlo una y otra vez.

Práctica de aprendizaje a profundidad

Ejercicio 1: Escoge un audio que dure diez minutos. Éste será tu audio principal de la semana. Escúchalo unas cuantas veces. Repite este proceso cada día durante la semana siguiente. Realmente comprométete a dominarlo. La idea es que no estés tratando de memorizarlo, sino más bien de conocerlo completamente. Imagina que cada vez que escuchas y entiendes el audio, está penetrando más profundamente en tu cerebro. Es como una semilla que estás sembrando en tu mente. Siémbrala profundamente y riégala con escucharla en muchas ocasiones.

Después de que hayas dominado el primer audio, escoge dos audios adicionales. Cada uno deberá durar 5-20 minutos. Escúchalos de la misma manera que el primero.

Notarás que atraviesas por diferentes etapas de aprendizaje al hacerlo. Trata de estar consciente de estas etapas. La primera será "Oh no, no entiendo". Posiblemente necesites usar un texto para entenderlo completamente. Sabrás que has alcanzado la segunda etapa cuando puedas escuchar las palabras y frases sin revisar ninguna de ellas. La tercera etapa será cuando estés escuchando y entiendas fácilmente sin el texto. ¿Cuánto tiempo lleva llegar a esta tercera etapa? ¿Cómo afecta tu comprensión escuchar audios más largos?

¿Qué tan rápidamente progresarás y cuántas repeticiones se requieren? Mucho de esto depende de tu estado de ánimo durante las repeticiones. ¿Estás tranquilo? ¿Energizado? Cuando enseño vocabulario de acción en seminarios, los estudiantes pueden con frecuencia dominar nuevas palabras y frases en sólo unos minutos porque se están moviendo y están emocionados. La repetición con concentración a medias y energía baja no es tan buena como la repetición con energía emocional involucrada. Mientras repites los audios, levántate, muévete, e incluso grita las frases. Si te está dando pena, cierra la puerta de tu cuarto y hazlo hasta que te sientas más a gusto.

Ejercicio 2: Selecciona un audio para práctica de escuchar. Una queja frecuente que oigo de los estudiantes sobre el aprendizaje a profundidad es que se aburren escuchando la misma cosa día tras día. Así que en este ejercicio, después de unos cuantos días vas a cambiar de enfoque. El primer día, concéntrate solamente en aprender el vocabulario. Al día siguiente, juega un juego en el que únicamente estás tratando de entender el audio totalmente, sin el texto. Un día después, pon una oración, detenla y grítala. Imita el ritmo del que habla, su tono y emoción. Trabaja en tu pronunciación. Seguido, intenta un juego en el cual pones dos oraciones y después las repites en alto, con emoción. Al día siguiente, regresa a sólo escuchar y entender. Básicamente, cada día cambias tu enfoque con el mismo material para que aprendas desde muchos ángulos diferentes. La cosa importante es que cada repetición que haces tiene un propósito.

CAPÍTULO 13

La Quinta Regla: aprende gramática intuitiva e inconscientemente

He prometido que puedes aprender a hablar inglés bien sin estudiar reglas gramaticales. Incluso te he dicho que te deshagas de tus libros de gramática porque no los necesitas. Ahora voy a mostrarte qué es lo que vas a hacer en cambio.

Es realmente una técnica muy simple –una que creo que es la mejor forma de aprender gramática– no sólo gramática inglesa, sino gramática de cualquier idioma. La quinta regla de Effortless English¨ es: usa Cuentos con Puntos de Vista. Son cuentos cortos en los que cambiamos el punto de vista. En otras palabras, cambiamos el marco del tiempo y cambiamos la gramática para crear versiones múltiples del mismo cuento.

Leyendo y escuchando las variaciones de estos cuentos puedes aprender gramática intuitivamente sin pensar en tiempos, conjugaciones, etc. Los cuentos con puntos de vista son fáciles y divertidos. Lo mejor de todo es que te permiten absorber la gramática naturalmente entendiendo el contexto de los cuentos. Éste es el punto clave. Más que estudiar reglas abstractas de gramática, adquieres habilidad en gramática hablada a partir de inglés con sentido y recordable.

Los cuentos con puntos de vista fueron desarrollados por Blaine Ray, el creador del sistema de aprendizaje TPRS. En los años noventa, Ray, un profesor de español de preparatoria en California, estaba buscando formas para interesar a sus estudiantes más allá de los métodos tradicionales de repetición y memorización usados en las clases de idiomas. TPRS significa "Total Physical Response Storytelling", o "Respuesta física total a los cuentos" (también descrita como Competencia Docente) a través de la lectura silenciosa y en voz alta de cuentos (ver cuadro). La creencia de Ray era que los estudiantes podían aprender a hablar español de manera más natural escuchando ciertos tipos de cuentos sencillos.

De inmediato reconocí la fuerza de estos cuentos y decidí modificarlos para mi propio sistema de enseñanza. Los cuentos con puntos de vista ahora son una parte muy importante del sistema Effortless English".

¿Cómo funcionan los cuentos con puntos de vista? En su versión más simple, empiezas por escuchar un cuento principal –generalmente narrado desde el punto de vista pasado–. En otras palabras, el cuento es principalmente sobre eventos que sucedieron en el pasado.

Después, escuchas otra versión del cuento con un punto de vista diferente. Así que, por ejemplo, podrías escuchar el mismo cuento ahora narrado en presente. Incluso después escuchas otra versión, narrada como si habrá de suceder en el futuro. Más aun, otra versión que habla de eventos pasados que han continuado hasta el presente.

Cada cuento con puntos de vista es básicamente el mismo, pero el cambio en el tiempo crea cambios en el lenguaje que usas… especialmente en los verbos. Al escuchar repetidamente estos cuentos, absorbes fácil y naturalmente los tiempos gramaticales más comunes y más útiles en inglés.

Dado que los aprendes inconsciente e intuitivamente, realmente los USAS correctamente al hablar –¡sin tener que pensar al respecto!–.

Un enfoque importante de los cuentos con puntos de vista es que deben orientarse en las estructuras gramaticales usadas más comúnmente. Algunos estudiantes llegan a obsesionarse con formas raras de gramática al tiempo que descuidan las formas que la gente de habla inglesa usa constantemente todos los días. Por ejemplo, "He slept for six hours" es mucho más usado que "He will have been sleeping for six hours". Es mucho más importante dominar la primera forma de oración (pretérito simple) ya que es mucho más útil para la comunicación. Por lo tanto, los cuentos con puntos de vista que usas estarán limitados únicamente a las formas más comunes.

La gran cosa es que sólo necesitas escuchar estos cuentos unas cuantas veces al día. No necesitas analizar los cambios gramaticales... y ciertamente, no necesitas identificar las reglas gramaticales lingüísticas. No hay necesidad de identificar qué versión es en "pretérito simple" o cuál es en "pretérito perfecto". Estos términos pueden ser útiles a los lingüistas, pero distraen a aquellos que quieren hablar inglés rápida, fácil y automáticamente.

Debes confiar en tu intuición y simplemente escuchar cada versión de los cuentos sin analizarla. Trata de tranquilizar a tu mente analítica. Relájate y concéntrate en los eventos del cuento. Con el tiempo, absorberás intuitivamente la gramática y la usarás correctamente sin esfuerzo.

 INTEGRANDO LO FÍSICO EN LOS CUENTOS

El doctor James Asher, un psicólogo de San José State University, fue uno de los primeros investigadores en identificar la importancia del movimiento físico en el aprendizaje. Asher desarrolló el método de "Respuesta Física Total" o "TPR" (por sus siglas en inglés), después de descubrir que los estudiantes aprenden idiomas más efectivamente al asociar palabras y frases con movimientos significativos coincidentes. Él enseñó idiomas sin traducción, exclusivamente por medio de la utilización de acciones. Por ejemplo, le diría a su clase: "Sit down", y luego demostraría la acción de sentarse. Luego diría "Stand up" y demostraría la acción de levantarse. Después de repetir esta serie algunas veces, los estudiantes aprendían rápidamente el significado de las frases "sit down" y "stand up".

En la siguiente fase de la lección, Asher le pedía a la clase que se le uniera. De forma tal que cuando decía "Stand up", toda la clase se levantaba junto con él. Y cuando decía "Sit down", la clase demostraba que entendía al sentarse.

En la fase final, Asher daba instrucciones pero no se las demostraba. Más bien, observaba para estar seguro que la clase entendía. Esto eliminaba la necesidad de traducir ya que los estudiantes conectaban las frases con las acciones.

Con el tiempo, los estudiantes en las clases del doctor Asher eran capaces de aprender y demostrar instrucciones muy complejas tal como "Stand up, turn around five times, then walk backwards to the door and close it". El doctor Asher logró la fluidez natural con el solo uso de instrucciones y acciones. Más tarde, el doctor Asher y otros investigadores modificaron el TPR, añadiendo gesticulaciones para representar términos más abstractos como "pensar" o "desear".

TPR fue un precursor del TPRS, "Total Physical Response Storytelling" o "Respuesta Física Total a través de Cuentos", de Blaine Ray. Ray se dio cuenta de que si las acciones y gesticulaciones se combinaban para crear un cuento, los estudiantes aprendían aun más rápidamente. TPRS es un método para hacer que los estudiantes interactúen física y verbalmente como parte del cuento. Esta técnica fue el punto de partida de gran parte del sistema Effortless English".

Ejemplo de un Cuento con puntos de vista

Déjame darte un ejemplo muy sencillo de un cuento con puntos de vista: "*There is a boy. His name is Bill. Bill goes to the store. He buys a bottle of water. He pays two dollars for the water.*" ("*Hay un niño. Se llama Bill. Bill va a la tienda. Compra una botella de agua. Paga dos dólares por el agua*".)

Bien, eso es todo. Ése es nuestro cuento corto en este momento. No es muy interesante, pero lo entiendes fácilmente. Está en tiempo presente, y todo lo que necesitas hacer es entenderlo. Si fuera un cuento en audio, lo escucharías todos los días durante una semana o más. Recuerda, estamos luchando por aprender a profundidad, así que vas a estar repitiéndolo muchas veces.

A continuación, te contaré el mismo cuento, otra vez, pero ahora en tiempo pasado: "*There was a boy named Bill. Yesterday, he went to the store. He bought a bottle of water. He paid two dollars for the water.*" ("*Había un niño llamado Bill. Ayer, fue a la tienda. Compró una botella de agua. Pagó dos dólares por el agua*".)

Bien, eso es todo. Muy sencillo. Por supuesto que mis lecciones de cuentos con puntos de vista son más largos. Son más difíciles y más interesantes. Éste sólo es un simple ejemplo para ayudarte a entender el concepto.

Así que ahora has leído o escuchado el cuento de Bill en tiempos presente y pasado. Idealmente, cuentas con versiones en audio y escuchas ese cuento en tiempo pasado muchas veces. Cuando escuchas, no piensas acerca de reglas gramaticales. No necesitas analizar. "Oh, esto es tiempo pretérito" u "Oh, ‹paid› es un verbo irregular". No, no, no –no necesitas pensar en eso–. Únicamente escucha cada versión del cuento y entiende el significado. Es todo lo que necesitas hacer. Escucha el primer cuento –entiende el significado–. Escucha el segundo cuento –entiende el significado–. Es todo. Es aprendizaje gramatical fácil y sin esfuerzo.

Después de lo anterior, escucharías la versión en futuro del cuento: "*Imagine there will be a boy. His name will be Bill. He'll go to the store, and buy a bottle of water. He's going to pay two dollars for the water.*" ("*Imagina que habrá un niño. Su nombre será Bill. Irá a la tienda y comprará una botella de agua. Pagará dos dólares por el agua*".) Este es el final de nuestro breve ejemplo en el futuro.

Nuevamente, todo lo que haces es escuchar este sencillo cuento corto. Escuchas la versión en presente. Escuchas la versión en pasado. Escuchas la versión en futuro. Cada día, durante siete o más días, o más, escuchas cada una.

Podemos incluso añadir más versiones. Podemos practicar cualquier clase de gramática con esto. Por ejemplo, podría decir: "*There was boy. Since last year, he has gone to the store every day. He has bought a bottle of water every day. He has paid two dollars for the water*" ("*Había un niño. Desde el año pasado, ha ido a la tienda todos los días. Ha comprado una botella de agua todos los días. Ha pagado dos dólares por el agua*".) No necesitas saber el nombre de la gramática o el tiempo verbal que estoy usando. Se llama presente perfecto, pero no necesitas saberlo. No quiero que pienses en ello. Todo lo que necesitas hacer es, de nuevo, escuchar esta versión del cuento.

Por supuesto, estoy usando frases extras para ayudarte a entender el significado. Dije "*Since last year*" ("*Desde el año pasado*"), así que ahora entiendes que estos verbos cambian dado que algo sucedió en el pasado y ha continuado sucediendo durante algún tiempo, pero no necesitas pensar en ello. Por eso, estos cuentos son tan fáciles y poderosos. Simplemente escuchas. Escuchas el cuento uno. Escuchas el cuento dos, escuchas el cuento tres y luego el número cuatro, y aprendes la gramática como una persona que habla el idioma de nacimiento. Como un niño.

Cuando aprendes gramática así, usando estos tipos de cuentos, te estás entrenando como un atleta y te estás liberando del currículum oculto. Ésta es la diferencia entre aprender gramática como conocimiento abstracto y adquirir la habilidad de usarla en conversaciones comunes. Tú quieres la habilidad. Quieres usar la gramática correctamente sin pensar en ella.

 ## CÓMO ESCUCHAR CUENTOS CON PUNTOS DE VISTA

Para obtener lo máximo de un cuento con puntos de vista, haz lo mejor que puedas para concentrarte en el cuento e imaginarlo en tu mente mientras lo escuchas. Apaga esa parte de tu cerebro que etiqueta los tiempos o que piensa en gramática. En su lugar, piensa en una línea que pasa atravesando tu cuerpo. Atrás de ti está el pasado. Enfrente de ti está el futuro. Imagina ahora que el cuento que estás escuchando está dentro de una caja o un radio. Al escuchar la versión en pasado, trata de imaginar a esa caja colocada detrás de ti, atrás en el pasado. Cuando escuchas la versión en el futuro, observa la caja enfrente de ti, adelante en el futuro. Imaginar dónde pondrías esta caja o radio sobre la línea da al cuento un componente visual que te ayudará a entender la gramática más intuitivamente.

Si bien es fácil entender esta idea leyendo ejemplos de cuentos con puntos de vista, es esencial que uses versiones en audio. Recuerda la Regla Tres: escuchar es la clave para hablar. No sólo quieres aprender gramática intuitivamente, también quieres aprender gramática *hablada*. Eso significa, igual que en vocabulario, que necesitas aprender gramática con tus oídos.

Aprender gramática mediante cuentos con puntos de vista, con audio, desarrolla tu "sentido de la corrección", la misma habilidad que usan los que hablan inglés de nacimiento. Cada repetición y cada variación desarrolla este sentido. Posteriormente, sabrás corregir instantáneamente la gramática porque te sonará bien. No necesitas pensar en términos lingüísticos. Es cuando sabes que los cuentos con puntos de vista están funcionando.

Recuerda que la verdadera destreza en gramática debe suceder instantáneamente. En las conversaciones comunes debes producir la gramática correcta sin titubeos. No hay tiempo para pensar en reglas. Esta destreza gramatical puede ser desarrollada inconscientemente y los cuentos con puntos de vista son una de las mejores maneras de hacerlo. Usando estos cuentos, brincas el paso innecesario de pensar en reglas abstractas. Produces gramática inglesa correcta de manera intuitiva, sin pensar conscientemente. De esta forma, usas la gramática como una persona cuya lengua madre es el inglés. Lleva tiempo y repetición, pero los cuentos con puntos de vista te dan la capacitación más efectiva para dominar la gramática hablada.

Los beneficios psicológicos

Hemos hablado de los beneficios de los cuentos con puntos de vista en inglés. Son significativos. Sin embargo, los beneficios psicológicos de estos cuentos son quizás aun más significativos.

Para la mayoría de los estudiantes, el estudio abstracto de la gramática es uno de los aspectos más latosos de estudiar inglés. La mayor parte encuentra el estudio de la gramática aburrido, confuso y frustrante. A muchos les aterroriza la idea de tratar de memorizar una regla gramatical más. La mayoría de los estudiantes tienen malos recuerdos de las lecciones gramaticales y los exámenes de gramática.

El estudio de la gramática tiene una particularidad de hacer sentir estúpida a la gente inteligente. Estudian y memorizan innumerables conjugaciones. Analizan el uso de los artículos en inglés, preposiciones, sustantivos contables e incontables. Pero cuando llega el momento de hablar en realidad, se encuentran cometiendo errores constantemente. Aunque "saben" la gramática, sufren para usarla."¿Qué es lo que está mal en mí?" se preguntan, "Esto lo sé".

No son estúpidos. Únicamente han confundido conocimiento con habilidad. Deja el conocimiento de la gramática a lingüistas profesionales. Tu trabajo es adquirir la habilidad gramatical de manera intuitiva, y los cuentos con puntos de vista son la mejor forma de hacerlo.

Ejercicio de práctica

Aquí tenemos una manera divertida de crear tus propios cuentos con puntos de vista. Escoge un cuento sencillo sobre algo que te interesa. El cuento podría contener unas cuantas palabras o frases que no entiendas y que tendrías que buscar en un diccionario. Sin embargo, debe ser fácil. Cinco nuevas palabras son lo máximo que debe aparecer en el cuento.

Ahora, muéstrale este cuento a tu profesor de inglés, o a algún amigo de habla inglesa. Pídeles que reescriban el cuento desde diferentes puntos de vista. Te escribirán diferentes versiones con al menos el pasado, el presente y el futuro. Después de que escriban cada versión, pídele a cada uno que la lea y la grabe. Luego, durante la siguiente semana o dos semanas, escucha todas las versiones del cuento diariamente.

Una vez que domines estos cuentos, repite el proceso nuevamente con un cuento completamente nuevo. Con simplemente escucharlo todos los dias, desarrollarás tu habilidad en la gramática hablada. Tal como un atleta, tú mismo te capacitarás en la habilidad de usar automáticamente la gramática correcta.

CAPÍTULO 14

La Sexta Regla: aprende inglés típico y tira a la basura tus libros de texto

Has estado estudiando inglés durante años. Pero cuando oyes a alguien hablarlo, no suena como el inglés que aprendiste. Lo encuentras difícil de entender, y cuando lo hablas, la gente parece confundida.

Tristemente, esta experiencia es bastante común. Es lo que sucede cuando te han enseñado inglés en la forma tradicional en la que tu profesor depende demasiado de libros de texto y ejercicios de salón de clase.

Es por ello que no usamos libros de texto en Effortless English™. De hecho, tienes mi permiso para deshacerte de tus libros de texto. Adelante. Lánzalos a la basura. Como he dicho anteriormente, los libros de texto no son la manera de aprender un idioma. Con Effortless English™ aprendes inglés verdadero, y ésta es la Sexta Regla.

Los libros de texto tienen una variedad de problemas. Primero, se concentran en la gramática. Ya hemos comentado las razones por las que debes evitar el estudio de la gramática. Otro gran problema es que los libros de texto enseñan principalmente en el estilo formal del inglés. Ésta es la forma del inglés que comúnmente encuentras por escrito. Los libros de texto dependen mucho de diálogos escritos que son completamente innaturales.

Quizás reconozcas este:

– "Hello"

– "Hello. How are you?"

– "I'm fine, and you?"

El libro de texto puede estar acompañado de un audio en el que los actores leen este diálogo usando ritmo extraño y pronunciación completamente innatural.

¿Pero qué sucede en la vida real? Estudias este diálogo del libro de texto y piensas que sabes inglés. Entonces viajas a algún país de habla inglesa como Estados Unidos. Conoces a una persona en la parada del autobús y te dice: "Hey, what's up?" Desde luego, él o ella sólo están tratando de saludarte y preguntarte "How are you?", sólo que usan el inglés informal real, que es mucho más común entre los que hablan inglés de nacimiento.

De hecho, como profesor en San Francisco, escuché muy frecuentemente esta queja común por parte de los alumnos. Ellos habían viajado desde muchos países para estudiar en Estados Unidos. Muchos estudiantes nuevos pensaban que eran alumnos avanzados. Muchos tenían calificaciones muy altas.

Sin embargo, cuando trataban de comunicarse con gente real, tenían problemas tremendos. Recuerdo a un estudiante llamado Humberto diciéndome: "No puedo entender lo que dicen todos. No entiendo a la gente en la parada del autobús. No entiendo a la mesera en los restaurantes. Pensé que era avanzado, pero no puedo entender a nadie". Como la mayoría de los estudiantes, Humberto había estudiado inglés formal de libros de texto, pero nunca había aprendido conversaciones comunes en inglés. Lo hacía bien en exámenes, pero no podía funcionar en el mundo real.

La pronunciación real es también muy diferente a la que encontrarás en libros de texto y sus audios. Ésta es otra fuente de dificultad para aquellos que aprenden usando métodos tradicionales. Las escuelas te enseñan típicamente palabras con pronunciación formal de inglés de diccionario. Mientras que el libro de texto te enseña "How are you?", un americano real es probable que diga "Howya doin?", "Howzit goin›?", "Hey, whassup?", o "Nice-ta meetcha.".

Para comunicarte realmente en inglés, definitivamente debes de entender el inglés típico. Y éstos son los ejemplos más sencillos de formas de saludar. Todo el idioma está lleno de tales ejemplos. No es de extrañar que aun los estudiantes de libros de texto de inglés "avanzados" batallen para comunicarse con gente real.

Los modismos son otro problema común para los estudiantes de libros de texto. El inglés hablado está repleto de expresiones idiomáticas; sin embargo, pocas de éstas las aprenderás de los libros de texto. Recientemente, grabé una conversación con mi papá sobre negocios. Más tarde, al revisar la grabación, quedé impactado por las numerosas expresiones idiomáticas que utilizamos en esa breve conversación.

Los modismos son frases que tienen un significado diferente al de las palabras individuales que contienen. Se basan frecuentemente en metáforas o temas culturales y pueden ser bastante difíciles de entender de manera lógica. Por ejemplo, en una junta de negocios un colega podría decir: "We scored a touchdown on that project." ("metimos gol en ese proyecto"). Este modismo proviene del futbol americano y significa tener un gran éxito o victoria. No es probable que aprendas esta frase en un libro de texto, sin embargo es usada muy comúnmente por los americanos.

Claramente, los libros de texto son herramientas de aprendizaje inefectivas. Entonces, ¿qué herramientas usarás? Aprenderás de la misma forma que lo hacen los angloparlantes de nacimiento: usando materiales reales auténticos. *Usa solamente materiales reales auténticos de inglés:* la sexta regla. ¿Qué quiero decir con ‹reales›? Bien, estoy hablando de materiales de inglés que son para gente que habla la lengua de nacimiento. Pueden ser libros, artículos, audiolibros, podcasts, videos, etc.

Puedes encontrar mucho material para escuchar inglés típico en internet. Los podcasts son perfectos. Yo tengo un podcast. Puedes ir a effortlessenglish.libsyn.com y escucharme hablando acerca del inglés, del aprendizaje, de mis ideas. Es gratis. Es fácil. Simplemente puedes escuchar, escuchar, y escuchar –hay mucho material real–. Sólo converso normalmente y soy una persona que habla inglés de nacimiento. No estoy actuando ni estoy leyendo.

Y hay muchos otros podcasts por ahí. Puedes escoger podcasts de aprendizaje de inglés, o mejor aun, un podcast sobre cualquier tema que te guste. Si te gustan los deportes, encuentra podcasts en inglés sobre deportes. Si te gustan los autos, encuentra podcasts sobre autos. Si te gusta el ejercicio o la salud, encuentra podcasts sobre esto.

Los audiolibros son otra gran forma para que practiques escuchar. Un audiolibro es únicamente un libro que alguien está leyendo y lo graban. Así que, en lugar de leer el libro, lo escuchas. La clave es escoger audiolibros creados para gente que habla inglés de nacimiento. También, escoge audiolibros que sean fáciles para ti. Podrías tener que empezar con cuentos infantiles. Eso está bien. Te puedo garantizar que escuchar un cuento infantil es más interesante y más útil que cualquier libro de texto aburrido.

Uno de mis ejemplos favoritos de buenos materiales auténticos son los libros para niños con versión en audio. Son útiles porque puedes escucharlos y leerlos al mismo tiempo. También, puedes fácilmente buscar vocabulario desconocido en un diccionario. Con frecuencia tengo que decirles a mis estudiantes adultos que no se sientan mal por buscar un libro para niños. Probablemente encontrarás un libro del doctor Seuss, que es más interesante que un libro de texto porque es un cuento escrito para personas que nacieron hablando inglés.

Al ir mejorando, cuando tu nivel de inglés sea más elevado, puedes escuchar audiolibros para adultos jóvenes o para niños grandes. Sólo mantente escuchando inglés típico. Cuando algo se vuelva demasiado fácil, escoge algo un poco más difícil hasta que se convierta en algo fácil. Posteriormente, cuando estés más avanzado, puedes escuchar CNN o la BBC, o películas americanas, británicas, australianas, etc. Pero de nuevo, eso es un nivel avanzado. Empieza con material sencillo.

Al enfocarte en materiales con inglés real, estás sumergiéndote en el lenguaje utilizado por la gente que lo habla de nacimiento. No estás aprendiendo un extraño lenguaje especial que se enseña únicamente a estudiantes. Escuchando el inglés real, garantizas que estás aprendiendo lenguaje útil que se usa en el mundo real. Al mismo tiempo, dado que el material que usas es auténtico, también aprendes modismos y cultura –que son vitales para entender el inglés hablado–.

He creado una versión en audiolibro de este libro para que lo puedas usar para practicar inglés. Ve la contraportada para más detalles.

Los materiales en inglés típico incluso te ayudarán a mejorar más rápidamente en exámenes como el TOEFL. Una investigación del doctor Ashley Hastings encontró que los estudiantes que aprendían con materiales auténticos (libros, películas, shows de televisión) mejoraron 35% más que los estudiantes que estudiaron en un curso de preparación de TOEFL usando exámenes muestra.

¿Qué hay acerca de la lectura? Si bien escuchar será tu objetivo principal, leer materiales auténticos también es muy efectivo. Para leer, sigues los mismos principios empleados con materiales auténticos de audio. Lees libros de cuentos o novelas fáciles en inglés. Escoge libros que sean agradables. Escoge algo que disfrutes, algo que sea interesante –puede ser un romance o quizás una cuento de aventuras o un tema o categoría que te fascine–.

El doctor Krashen le llama a esto "lectura voluntaria libre" y es la forma más poderosa para incrementar tu vocabulario en inglés. Leer materiales auténticos ha mostrado aumentar el vocabulario más rápidamente que estudiar listas de palabras. Como verás en un capítulo posterior, este tipo de lectura es también la mejor actividad posible que puedes hacer para mejorar tu habilidad en el inglés escrito. La investigación encuentra que leer y entender por placer conduce a un desempeño mejor de TOEFL. Siempre recomiendo a mis estudiantes empezar con novelas infantiles, algo creado para primaria o secundaria. Para los principiantes, el material de lectura por niveles puede ser útil. También me gustan las series de libros como *Goosebumps*, *The Hardy Boys* y *Nancy Drew*. Éstas incluyen muchos libros, más de 30 en algunos casos. Son lectura fácil y te ayudará en tu habilidad para escribir, rapidez para leer y vocabulario.

Conforme mejoras, naturalmente buscarás libros y audios más difíciles. Una estrategia es encontrar un autor que te guste y leer cada uno de sus libros. Por ejemplo, si disfrutas cuentos de miedo, podrías leer todos los libros escritos por Stephen King. Si disfrutas los romances, ¿por qué no leer todos los libros de Danielle Steele? Si puedes encontrar versiones en audiolibro de todos éstos, aun mejor. Para cuando termines una serie completa de libros, habrás mejorado tus habilidades en inglés típico de manera dramática.

En mis cursos de Effortless English™ frecuentemente me concentro en temas como superación personal y éxito. Quiero que los miembros se enfoquen en temas y en el inglés típico de mis lecciones, no en partes del lenguaje. Cuanto más estés emocionalmente conectado con un tema de la vida real, tanto más fácilmente aprenderás inglés.

Realmente, la situación perfecta es cuando estás tan interesado en el tema que te olvidas completamente que estás escuchando o leyendo en inglés. Cuando esto sucede, el aprendizaje de idiomas fluye sin ningún esfuerzo en absoluto.

¿DEMASIADO FÁCIL? ¿DEMASIADO DIFÍCIL? O ¿EL JUSTO MEDIO?

¿Cómo debes decidir qué escuchar o qué leer? Con frecuencia, mis estudiantes se preocupan de que escogerán algo demasiado fácil. Mi recomendación: lo mejor es escoger algo que puedas entender sin demasiada dificultad, pero que haga que te esmeres un poco. Los lingüistas le llaman a esto "aportación comprensible, más uno", que describen como un material que está apenas un nivel arriba de donde estás ahora. Ellos piensan que los estudiantes aprenden un segundo idioma mejor cuando están en una situación de bajo estrés y que están interesados en el tema expuesto.

Una sencilla prueba de dificultad consiste en saber si necesitas, o no, un diccionario. Debes ser capaz de leer y escribir rápidamente, con únicamente unas cuantas palabras desconocidas por página. Porque entiendes la mayor parte del material, puedes deducir el significado de esas palabras desconocidas sin interrumpirte. Sólo continúa, porque posteriormente volverás a encontrarte con esas mismas palabras de nuevo. Cuando esto suceda, harás otra deducción aun mejor sobre su significado. Posteriormente, aprenderás este nuevo vocabulario simplemente disfrutando el inglés real sin usar un diccionario.

Cuando escuchas materiales en inglés típico, obtienes el inglés que realmente es usado por americanos, canadienses, australianos, británicos, etc. Así es como hablamos realmente. Reemplazando los libros de texto con estos materiales estarás preparado para la comunicación en el mundo real. Cuando alguien te salude en la calle, le entenderás. Cuando alguien use un modismo frecuente, lo entenderás. Posteriormente, también entenderás por completo programas de televisión y películas.

La Sexta Regla es la clave: aprende inglés real.

APRENDIENDO CONVERSACIÓN INFORMAL

En San Francisco, donde vivía, conocí muchos estudiantes con altas calificaciones en sus exámenes de inglés y con excelente desempeño en sus clases. Sin embargo, cuando se sentaban en un café no podían entender lo que la gente a su alrededor estaba diciendo. No tenían idea en absoluto sobre lo que estaban diciendo los americanos comunes y corrientes.

Habían sido capacitados para el inglés formal y académico –con un enfoque en reglas gramaticales–. Pienso que esto es totalmente al revés.

La conversación común, informal debe ser lo primero que aprendes. La primera necesidad, después de todo, es la de comunicarte con otra gente. Quieres conversar con gente en un café. Quieres hacer amigos y entender lo que están diciendo. Quieres dirigirte a tus compañeros de trabajo. Quieres entender los programas de televisión y las películas.

El inglés común debe ser lo que primero aprendes… después, y sólo si lo necesitas, enfócate en inglés académico.

Para ayudarte, tenemos una nueva colección de conversaciones reales espontáneas grabadas. Son conversaciones reales con amigos, familia, y socios de negocio. No estamos leyendo guiones. No somos actores o actrices. Aprenderás el inglés real, el que usamos a diario entre nosotros – incluye lenguaje coloquial, modismos, palabras fuertes, chistes, referencias culturales, etc.–.

Oirás palabras de relleno también (como "ah", "um," "you know," "like"), las cuales son un elemento común del inglés que falta en los libros de texto. Oirás el ritmo natural del inglés –la forma en la que regresamos y continuamos, la forma en que usamos las frases, las formas en que nos interrumpimos–.

Tenemos todas las conversaciones transcritas, e incluyen notas cortas para explicar el lenguaje coloquial, modismos, etc., que no puedes encontrar en un diccionario. Hicimos esto porque hay una gran necesidad. De hecho, es probable que sea la mayor necesidad que tienen nuestros miembros.

Mis amigos y yo creamos un curso derivado de estas conversaciones, con texto y explicaciones. Las puedes encontrar en www.learnrealenglish. com

CAPÍTULO 15

La Séptima Regla: aprende inglés con cuentos fascinantes

El propósito básico de Effortless English˝ es enseñarte a hablar y entender inglés rápida, correcta y automáticamente. Esa parte "automática" es la que separa este método de muchos otros, y lo automático proviene de pensar en inglés.

Cuando piensas en inglés no vuelves a traducir. No vuelves a pensar sobre gramática o pronunciación. El idioma ha llegado a ser una parte profunda tuya, tal como tu lengua natal.

En esta etapa, has logrado el inglés sin esfuerzo. Lo entiendes instantáneamente, sin estrés. Por pensar en inglés, las palabras brotan de tu boca rápida y fácilmente. Usas la gramática correcta, y por lo tanto, nunca consideras las reglas gramaticales. Si alguien te pregunta cómo lo haces, probablemente dices "No sé. Sólo sé lo que suena bien ".

La velocidad es el cambio más obvio en esta etapa. Eres capaz de entender y responder instantáneamente. El titubeo se ha ido. El forzamiento, el estrés, la duda, la confusión, –todos se han ido–. Eres como el futbolista profesional desempeñándose con fuerza y estilo.

En este punto sobre el camino a la fluidez, has aprendido la mayor parte del sistema Effortless English˝. Solamente tienes una regla más que aprender y he guardado lo mejor para el final.

La Séptima Regla es el método que entrena a la rapidez. Pero ¿qué es? Cuentos de escuchar-y-responder. Es la séptima y última regla de Effortless English˝. *Aprende a pensar en inglés con cuentos de escuchar-*

y-responder.

¿Qué son cuentos de escuchar-y-responder, o como a veces le llamo, mini cuentos? Bueno, ¿recuerdas el pasado cuando ibas a la escuela de inglés? Probablemente te enseñaron una gran cantidad de ejercicios de escuchar y repetir. Tú sabes, cuando el profesor decía: "Repite después de mí, "Hi, how are you?"" Y todos en la clase decían al unísono "Hi, how are you?" Entonces el profesor continuaba "I'm fine, and you?" Entonces toda la clase junta decía "I'm fine, and you?" Esto es escuchar y repetir. Es una vieja forma de aprender inglés. Pero no es eficaz.

¿Por qué? Cuando escuchas y repites, no necesitas pensar en inglés. No necesitas pensar para nada. Sólo repites lo que dice el profesor. Ni siquiera necesitas entender lo que estás diciendo, pero aun así lo repites. Es un ejercicio sin pensar con poco beneficio.

Ahora, en ocasiones, después de que te acostumbraste a escuchar y repetir en una de esas clases tradicionales, el profesor empezaba haciéndote preguntas que podías contestar con respuestas que habías aprendido. Por ejemplo, en vez de que repitieras, ella te preguntaba "How are you?" Tú decías "I'm fine, and you?". Esto está un poco mejor, pues al menos estás contestando preguntas y no únicamente repitiendo frases que pudieras o no entender.

El problema es que éstas son respuestas en forma de guión. Cuando el profesor pregunta "How are you?", siempre dices "I'm fine, and you?". Ya sabes lo que el profesor va a decir y ya sabes lo que tú vas a decir. Pero las conversaciones reales son impredecibles. Nunca sabes qué sigue. Tienes que estar listo para todo. Los cuentos de escuchar-y-responder son mucho más eficaces.

Quizás la primera pregunta que debemos plantear es ¿Por qué cuentos? En la Quinta Regla te enseñé sobre cuentos con puntos de vista.

En la Sexta Regla, te animé a leer y escuchar materiales auténticos, en especial cuentos. Ahora te estoy diciendo que la clave para el inglés automático es cuentos de escuchar-y-responder.

Los cuentos son increíblemente poderosos porque son una forma ideal de darle información al cerebro. Los humanos han usado cuentos para enseñar y aprender durante miles de años, desde mucho antes de la invención de la escritura. ¿Qué los hace tan poderosos?

Los cuentos son emocionales. Amamos a los héroes y odiamos a los villanos, y eso es importante porque las emociones crean recuerdos más fuertes. Por esto, las religiones han usado cuentos durante miles de años para enseñar sus principios. Podrían enseñar solamente sus principios de manera directa, pero saben que los cuentos forman una impresión más fuerte y profunda.

Y cuando un cuento se diseña para ser extraño, chistoso, o altamente emocional, es aun más fácil de recordar. Por esto es que los cuentos de escuchar-y-responder usan personajes extraños y sucesos exagerados. ¿Qué es mejor para recordar: una persona normal con cabello castaño, o una persona de sólo un metro de estatura con cabello verde? Si conoces a ambos brevemente en una fiesta ¿cuál sería el que más probablemente recordarías un año después? Generalmente es el que no es "normal".

Además de ser extraños, chistosos, o exagerados, los cuentos de escuchar-y-responder usan una técnica muy específica llamada "preguntando un cuento". Por favor observa que no dije *contando* un cuento. Dije *preguntando* un cuento. Ésta es una técnica desarrollada por Blaine Ray. El profesor crea el cuento haciendo una gran cantidad de preguntas muy sencillas y fáciles. ¿Por qué?

Porque las preguntas te entrenan para entender y responder más rápidamente. Un cuento de escuchar-y-responder no es una actividad pasiva. Debes entender constantemente innumerables preguntas con las que te bombardean, y debes responderlas instantáneamente. El profesor crea lentamente el cuento añadiendo más detalles.

Un aspecto importante de estos cuentos es que las preguntas siempre son fáciles y tus respuestas siempre son cortas. La mayor parte del tiempo, responderás con sólo un par de palabras. El enfoque de estos cuentos es la rapidez, no su duración. Recuerda, para alcanzar los niveles más altos del inglés hablado, debes ser rápido. Debes entender y responder instantáneamente.

Al escuchar, a veces el profesor te hará una pregunta y no sabrás la respuesta. Cuando esto sucede, se te motiva para que inmediatamente adivines la posible respuesta. Así el proceso es una serie continua de preguntas y respuestas. A lo largo de este proceso, abrumas a tu lento cerebro analítico. Ya que hay tantas preguntas y tienes que responderlas tan rápidamente, simplemente no hay tiempo de pensar en gramática, vocabulario o cualquier otra cosa. Así es como los cuentos de escuchar-y-responder te entrenan para la rapidez.

Cuando usas estos cuentos de escuchar-y-responder, te enseñas a ti mismo a entender rápidamente y responder rápidamente. Tienes que hablar rápida y automáticamente, sin pensar "¿Qué significa esa palabra?" Por eso estos cuentos son tan poderosos. Aprendes a pensar en inglés, y aprendes a hablar rápidamente sin traducir.

Cómo funcionan los Mini-cuentos

Déjame darte una muestra muy fácil y sencilla de un mini-cuento de escuchar-y-responder, mediante un par de oraciones. Ahora, imagina que tienes un cuento corto sobre un chango. En los cuentos de escuchar-y-responder, funcionaría de esta manera. Como profesor yo diría: "Class, there was a monkey. Was there a monkey?" Tú gritarías: "Yes!" Podrías gritar también: "Yes, there was a monkey!", pero una respuesta de una sola palabra es suficiente.

Entonces yo diría "Was there a monkey or was there a girl? Inmediatamente tú responderías: "A monkey, a monkey.".

Y diría: "Ah, so there was a monkey?" De nuevo, gritarías: "Yes, a monkey.".

Yo diría: "Ah, I see there was a monkey. What was his name?" Aquí, tú no sabes, por lo que adivinas rápidamente "John" o "Jim" –cualquier nombre–, gritarás una respuesta lo más rápido posible.

Yo diría: "Actually, his name was Reggie. Was Reggie a monkey or was Reggie a girl?" Y tú gritarías nuevamente: "A monkey!".

Esto continua durante veinte minutos o más, formando lentamente el cuento. Yo continúo haciendo más preguntas, y puesto que tú estás contestando preguntas constantemente, aprendes a pensar en inglés. Aprendes a responder, a contestar más y más rápidamente en inglés. Desde luego, este ejemplo es uno muy sencillo. Mis verdaderas lecciones de mini-cuentos son más largas y mucho más interesantes, y hay muchas más preguntas. (Puedes descargar una muestra gratis de una lección de Effortless English™, incluido un cuento de escuchar-y-responder, en: http://EffortlessEnglishClub.com/point-of-view-grammar.) Y cuando utilices estas lecciones, gradualmente te entrenarás tú mismo para pensar en inglés.

Los cuentos de escuchar-y-responder son una forma activa de ejercicio cerebral. Puesto que son cuentos, puedes visualizar lo que está sucediendo. Aprendes las frases, gramática y vocabulario en un contexto que tiene sentido. Dado que los cuentos son extraños y graciosos, recuerdas el inglés usado en ellos por mucho más tiempo. Puesto que constantemente respondes preguntas, aprendes a pensar y a responder en inglés más y más rápidamente.

De hecho, un buen cuento de escuchar-y-responder combina con destreza todos los elementos del sistema Effortless English™ en una provechosa herramienta de aprendizaje. No conozco una herramienta superior para mejorar rápidamente el inglés hablado.

CÓMO EL CONOCER LA CULTURA TE AYUDA A HABLAR CON MÁS FLUIDEZ

Cuando creo mini-cuentos, trato de hacerlos graciosos o extraños para que sean fáciles de recordar. También trato de reflejar la cultura americana, como lo verás en el ejemplo de práctica al final de este capítulo.

¿Por qué hago esto? Bueno, la investigación ha mostrado que aprenderás un idioma más rápidamente si puedes empezar a identificarte con su cultura. Por ejemplo, de acuerdo con el doctor Stephen Krashen, y contrario a la creencia popular, aun la gente adulta que aprende inglés puede desarrollar un acento perfecto. Lo que los frena no es alguna inhabilidad para producir nuevos sonidos, sino más bien su conexión con su propio país y su cultura. Cuando un niño llega a Estados Unidos y aprende inglés, quiere realmente encajar, así que hace todo lo posible para ser como otros americanos. Los adultos, por el contrario, tienen identidades más establecidas y tienden a seguir más arraigados a sus culturas de origen.

Pero hay formas de darle la vuelta a esto. Lo mejor que puedes hacer si estás tratando de aprender inglés es encontrar alguna parte de la cultura americana que te encante realmente (o de la cultura británica o australiana, si estás estudiando inglés allí), y puedas envolverte en ella. Puede ser

cualquier cosa –música, películas, comida, artes marciales, lo que sea–
mientras te sea interesante. Esto es especialmente útil si puedes encontrar
algo que sea único de la cultura, como el futbol americano, por ejemplo. Lo
más importante: debes conectarte y compartir tus gustos con gente que
hable inglés de nacimiento y que ame las mismas cosas.

Inténtalo y verás. Esto no solamente te ayudará a hablar más fluidamente, sino también te ayudará en tu pronunciación.

Movimiento y Mini-cuentos

Mencioné la importancia del movimiento en capítulos anteriores. El
sistema de respuesta física total (TPR) del doctor James Asher enfatiza
la asociación entre movimiento y aprendizaje. El método TPRS (Total
Physical Response using Storytelling) del doctor Blaine Ray liga el
movimiento con los cuentos. Effortless English˜ utiliza ambos sistemas.

Cuando hago un evento en vivo, una de las primeras cosas que les
digo a mis estudiantes es que necesitan lograr que el escuchar un mini-
cuento sea una actividad corporal completa. Mucha de la fuerza de
los mini-cuentos (escuchar-y-responder) proviene de qué tan buenas
sean tus respuestas.

En cualquier mini-cuento (de escuchar-y-responder), escucharás
sólo tres tipos de oraciones. Debes responder a cada tipo de oración
de una manera en particular. El primer tipo de oración es un enunciado. Un enunciado no es una pregunta, pero de todos modos debes
responder diciendo "ahhhhhhhhh". Recuerda, los movimientos y emociones más fuertes son más poderosos, así que no digas únicamente
"ahhhh", grítalo y mueve tu cuerpo al mismo tiempo. Haz como si
el enunciado fuese la información más interesante ¡que jamás hayas

escuchado! Asiente con tu cabeza y sonríe al responder.

El segundo tipo de oración es una pregunta de la que ya sabes la respuesta. Cuando escuchas este tipo de oración, habrás de gritar la respuesta tan alto como puedas, usando una gesticulación corporal total que muestre que estás realmente emocionado. Exagera. Lanza tus brazos hacia arriba gritando "Yes!".

El tercero y último tipo de oración que escucharás en un mini-cuento es una pregunta en la que no conoces la respuesta. Como señalé anteriormente, en este caso tu trabajo es gritar una respuesta lo más rápidamente posible. Como con otros tipos de oración, grita la respuesta que adivinaste lo más alto que puedas y usa gesticulaciones exageradas al hacerlo.

La combinación de rapidez, gritar, y movimientos, afianza el recuerdo de la oración. En lugar de sólo sonido, obtienes sonido, movimiento y emociones. Necesitarás menos repeticiones para recordarla. También empezarás a conectar el inglés hablado con ese sentimiento entusiasta emocionado porque, al mismo tiempo, estás creando un ancla positiva.

No hay estrés con los mini-cuentos porque cualquiera puede decir sí, o no. Por ello, las preguntas están diseñadas para ser sumamente sencillas. No es un ejercicio de memoria, es un ejercicio de respuestas. Saltas la parte del análisis completo y vas directamente a las respuestas rápidas.

Otro ejercicio que hacemos en eventos en vivo es el cuento vuelto a contar. Una vez que los estudiantes han escuchado un cuento y lo saben bien, se lo cuentan a su vez a algún amigo. Se levantan y usan su todo su cuerpo con gesticulaciones grandes, enérgicas, y le cuentan el cuento en voz alta, entusiasta. La idea es narrar el cuento tan rápidamente como sea posible, concentrándote en la rapidez, no en la precisión.

Tú también harás esto. Después de que hayas dominado las preguntas y respuestas, apaga el audio del mini-cuento. En un estado emocional pico, vuelve a contar el cuento lo más rápidamente que puedas. Grita el cuento y usa grandes gesticulaciones al hablar. Conviértelo en un juego y busca rapidez. Está bien cometer un error e incluso está bien cambiar los detalles del cuento. Sólo practica hablar tan rápidamente como puedas.

El punto es que el mejor aprendizaje sucede cuando estás en un estado pico, inmerso y activo. Mis lecciones en vivo son como "conciertos de rock en inglés" y todos tienen tremenda energía. Para recrear esto en casa, pon tu música favorita. Cierra la puerta para que nadie pueda verte. Ahora brincotea un poco antes de que hagas el mini-cuento. Sintiéndote energizado, empieza a escucharlo. Al hacer el mini-cuento, emociónate. Enloquece. Grita realmente las respuestas. Termina con un rápido reconteo del cuento. Recuerda, cuanto más dramáticas sean tus respuestas y más energía apliques, tanto más profundo será tu aprendizaje.

Ejercicio de práctica

Aquí hay un mini-cuento más avanzado, sin las preguntas. Toma nota: las palabras en negrilla son el vocabulario que enseñaría previamente a mis estudiantes en un seminario. He incluido parte de la transcripción para darte una idea.

Para la versión completa en audio de esta lección, incluidas las preguntas, ve a:

http://effortlessenglishclub.com/point-of-view-grammar

Listen and Answer Mini Story: The Race

It's five o'clock and Allen is riding his motorcycle in San Francisco. He is riding down Van Ness Street and comes to a stop light.

A red Ferrari pulls up next to him. The driver's wearing dark sun glasses. He looks over at Allen.

Allen looks at him and realizes that the driver is Tom!

Tom sneers at Allen. He says, "When the light turns green, let's race."

Allen says, "All right, you're on!"

Tom says, "I'm gonna smoke you!"

Allen says, "You wish. I'm gonna beat you and your sorry-ass car."

Allen and Tom wait at the light. They rev their engines.

Suddenly, the light turns green. Allen and Tom take off! They zoom down Van Ness at top speed.

Tom is winning. But suddenly, blue and red lights appear behind Tom – it's the police. They pull him over.

Allen zooms past Tom, laughing. He yells, "Better luck next time!"

Allen is the winner!

En español:

Mini-cuento de escuchar-y-responder: La Carrera

Son las cinco y Allen maneja su motocicleta en San Francisco. Va sobre la calle Van Ness y llega a un semáforo en rojo.

Un Ferrari rojo se detiene a su lado. El conductor está usando lentes obscuros. Ve a Allen de reojo.

Allen lo mira y se da cuenta de que ¡el conductor es Tom!

Tom se mofa de Allen. Le dice: "Cuando la luz se ponga en verde, echamos una carrera".

Allen dice: "Está bien, ¡adelante!"

Tom dice: "Voy a aplastarte!

Allen dice: "Eso quisieras. Voy a ganarles a ti y a tu mugre coche".

Allen y Tom esperan en el semáforo. Aceleran sus motores.

De repente, la luz se pone en verde. ¡Allen y Tom arrancan! Corren por Van Ness a velocidad máxima.

Tom va ganando. Pero de pronto, luces azules y rojas aparecen detrás de Tom −es la policía−. Le indican que se orille.

Allen rebasa a Tom, riéndose. Le grita "¡Mejor suerte para la próxima!".

¡Allen es el ganador!

Descarga la versión en audio de este cuento, incluidas las preguntas. Escucha y responde el cuento a diario, durante siete días o más (y recuerda, más veces es mejor para el aprendizaje profundo). Cada vez que termines de escuchar y responder, apaga el audio y recuenta el mini-cuento lo más rápidamente que puedas. Observa cómo tu inglés hablado se vuelve más rápido cada día.

CAPÍTULO 16

Tu plan diario para aprender inglés

¿Entonces, estás listo para hablar inglés sin esfuerzo? ¿Estás listo para sentirte relajado y seguro cada vez que lo hables? ¿Estás listo para abandonar el estudio de la gramática, libros de texto, listas de vocabulario, hojas de trabajo y ejercicios de repetición? ¿Estás listo para redescubrir la alegría de aprender? ¿Estás listo para concentrarte en metas que te inspiren? ¿Estás listo para concentrarte en la comunicación con gente común y corriente? ¿Estás listo para "jugar inglés", en lugar de estudiarlo?

Ya conoces el núcleo del sistema Effortless English¨. He diseñado un plan para ayudarte a aprender a hablar inglés natural, fluida y fácilmente. Usando lo último en investigación y mi propia experiencia de más de dos décadas de dar clases de inglés a miles de estudiantes alrededor del mundo, he mostrado porqué los métodos de enseñanza de idiomas tradicionales no funcionan. Si has estado batallando con el inglés algún tiempo, he tratado de darte esperanza. No es que seas malo para el inglés. Confía en mí. Simplemente es que no te lo han enseñado de la manera correcta, la manera natural.

Cuando aprendes inglés en forma natural –a la manera de Effortless English¨– finalmente te escapas del currículum oculto. No dependes de libros de texto o ejercicios de repetición. En su lugar, usa los métodos sencillos del sistema Effortless English¨:

- Ancla las emociones positivas pico al inglés.
- Cambia las creencias limitantes por creencias liberadoras.

- Energízate y muévete mientras aprendes.
- Dirige y controla tus películas internas.
- Concéntrate en aprender frases, no palabras.
- No estudies gramática.
- Aprende con tus oídos, no con tus ojos, dedicando 80 porciento de tu tiempo de estudio en escuchar.
- Aprende a profundidad; disponte a invertir tu tiempo y a hacer las repeticiones numerosas necesarias para dominar realmente el inglés hablado.
- Usa cuentos con puntos de vista para dominar la gramática.
- Aprende inglés real enfocándote en materiales de inglés auténticos que usan los que lo hablan de nacimiento.
- Aprende a pensar en inglés con cuentos de escuchar-y-responder, los que te entrenan a responder automáticamente sin traducir.

Las siete reglas son la clave del método Effortless English". Este método es el motor que te conducirá a la fluidez en inglés. Pero como todo buen motor, el método Effortless English" es tan eficiente como el combustible que le pones. El combustible que necesitas para aprender inglés, o lo que sea, realmente, es la energía emocional y motivación que le dediques a tus estudios. Por esto es que me he concentrado tanto en los aspectos psicológicos del aprendizaje. Te he mostrado cómo generar el combustible emocional necesario para aprender inglés mediante la fijación de metas grandes. He planteado cómo mover y usar tu cuerpo puede ayudarte a aprender más rápidamente. También he demostrado formas para convertir tus temores en la energía necesaria para que hables inglés potente y relajado.

Ahora todo lo que necesitas hacer es salir y hacer el trabajo. Después de todo, no es suficiente el solo conocer estos pasos, tienes que tomar acción. "Trabajo" es, sin embargo, la palabra incorrecta para usarse porque el sistema Effortless English˜ es de lo más efectivo cuando se combina con una mentalidad juguetona. Ya no te dará miedo cometer errores. Ya no necesitas encontrar "la respuesta correcta". Y no necesitas estresarte por exámenes o calificaciones. De hecho, ya no te dedicarás a "estudiar inglés", vas a "jugar inglés". Disfrutarás tu curiosidad natural. Utilizarás materiales chistosos, interesantes, poderosos, de la vida real. Te sentirás energizado y emocionado. Moverás tu cuerpo. Sonreirás y reirás al aprender.

Afortunadamente, nunca ha habido mejor momento para aprender inglés. Nunca ha habido más recursos disponibles. Gracias a internet, hay pocas cosas a las que no puedes accesar en línea –ya sea a una página web sobre aprender inglés, o artículos, libros, audios y videos– que pueden utilizarse para practicar. Incluso, puedes contratar un profesor o un asociado en inglés con quien trabajar en línea.

Ya no dependerás de las escuelas. Ya no necesitarás seguir el currículum oculto. Ahora tú eres el patrón de tu propia educación. La maestría en inglés está a tu alcance.

Un día en la vida de Effortless English™

He hecho lo mejor que he podido para explicar el sistema Effortless English˜. Hasta ahora, quizás ya decidiste que te gusta el aprendizaje del inglés de manera natural. Quieres hablar inglés sin esfuerzo. La pregunta es: ¿cómo empiezas? ¿Cómo puedes absorber lo que te he dicho y ubicarlo en un día típico de aprendizaje de inglés? ¿Cómo sería éste?

Es vitalmente importante que establezcas los rituales del aprendizaje diario del inglés. ¿Qué es un ritual? Es un hábito que es emocional, incluso sagrado para ti. Tu progreso depende de tu constancia. Haciendo pequeñas mejorías continuamente, cada semana, acelerarás tu camino a la fluidez en inglés. Cada mejoría se construye sobre los progresos que lograste anteriormente, creando más ímpetu.

Semana tras semana mejorará la forma en que escuchas el inglés. Durante algún tiempo, nada parecerá mejorar con tu inglés hablado. Entenderás más, pero tu inglés hablado se mantendrá sin cambios. De repente, después de algunos meses, sucede algo asombroso. Las frases en inglés empezarán a brotar más rápida y fácilmente. Al principio sucede un poco, después más y más cada semana. Cuando llegas a seis meses, notarás mejoría significativa en tu forma de hablar inglés.

Esta mejoría se logra con rituales diarios consistentes. Cuando enseño seminarios, aliento a los estudiantes a crear rituales Effortless English¨ para la mañana, el día y la noche. Por ejemplo:

En la mañana, inmediatamente al despertar, pon tu música energizante favorita. Al escuchar esta música, saca tu lista de experiencias positivas en inglés y creencias más liberadoras. Lee cada elemento de tu lista y recuerda la emoción de la experiencia positiva. A continuación, piensa en tus más grandes metas en inglés –cómo usarás el idioma para crear una mejor vida para ti y tu familia–. Finalmente, usa la técnica "swish" diez o más veces para dirigir y programar tus películas potentes.

Ahora te estás sintiendo excelente porque has llegado a un estado emocional pico. Con la música sonando todavía, brinca, sonríe y grita hasta que te sientas ¡fantástico! Ahora estás listo para escuchar inglés. Pon un audio en inglés fácil. Idealmente, escucha un cuento de escuchar-y-responder, seguido por varios cuentos con puntos de vista. Conforme escuchas, grita tus respuestas a las preguntas con grandes movimientos y gesticulaciones. Si en algún momento observas que tu energía decae, toca nuevamente la música y crea un estado emocional pico. Luego empieza a escuchar inglés nuevamente.

Todo el ritual en la mañana te llevará sólo treinta minutos. Empiezas tu día sintiéndote fantástico, mejorando tu inglés. En este momento, es probable que sea hora de ir a trabajar o a la escuela. Usa tu tiempo de traslado para escuchar más inglés. Ya que probablemente estés con otra gente, éste es un buen momento para escuchar tranquilamente un audiolibro.

A la hora de la comida tendrás más tiempo libre, así que tómate otros treinta minutos o más escuchando un mini-cuento con puntos de vista. Si estás solo, grita tus respuestas igual que lo haces en casa.

El viaje de regreso a casa es otra oportunidad para escuchar más inglés fácil. Quizás repitas el mismo capítulo del audiolibro de la mañana. Si estás en casa con tus hijos, encuentra momentos para escuchar cuando tus hijos estén jugando o descansando. Si vas caminando a algún sitio, o estás haciendo fila, escucha inglés. Usa cualquier momento libre para escuchar inglés.

Cuando estés en casa en la noche, escucha más inglés. Idealmente, escoge la misma hora cada noche y una vez más escucha el mismo mini-cuento y cuentos con puntos de vista en estado pico. Esto podría llevarte otros treinta minutos. Ve a tu cuarto si es necesario para gritar las respuestas y entregar toda tu energía y emoción.

Entonces podrías usar la técnica de película, estudiando y practicando una escena. Incluso aun cuando estés haciendo otras labores, como preparar la cena, siempre ten un audio en inglés reproduciéndose como fondo. Rodéate con sonidos del inglés durante todo el día.

Formando estos hábitos diarios y dividiendo tu tiempo de estudio en cuatro o más trozos a lo largo del día, creas intensidad. Al día siguiente, repites los mismos rituales. Ya que quieres aprender a profundidad, repite los mismos audios de nuevo. Escucha el mismo mini-cuento y cuentos con puntos de vista. Escucha el mismo audiolibro. Ve la misma escena de película. Haz esto durante siete días o más para dominar realmente cada uno de los audios. La semana siguiente, empieza nuevamente.

La gran ventaja de las lecciones con audio cuentos es que pueden realizarse en cualquier sitio. Puedes leer y escuchar al mismo tiempo. O puedes caminar y escuchar, lo cual es aun mejor. Haz lo que funcione para ti. Sólo hazlo, y pronto estarás hablando inglés con fluidez y facilidad.

Para mejores resultados, dedícate a un programa intenso durante seis meses. En ese tiempo, escucha inglés en cada momento libre que tengas, no importa que sea corto. Siempre lleva contigo audios en inglés en tu teléfono o reproductor de audio. Siempre tenlos contigo. Usa tiempos privados para mini-cuentos, cuentos con puntos de vista y la técnica de películas. Cuando estés en público, escucha tranquilamente audiolibros u otros audios en inglés. Llena cada momento de tu vida con inglés.

Este hábito constante es el secreto de tu éxito. Concentrándote intensamente durante seis meses tendrás mejoras dramáticas en tu habilidad para hablar inglés. Desarrollarás seguridad y poder. No, no hablarás inglés perfectamente, pero nadie es perfecto, ni siquiera los que nacieron hablándolo.

Has usado los viejos métodos durante años y no estás feliz con los resultados. Dale a Effortless English™ al menos seis meses. Durante este tiempo, entrégate totalmente al sistema. Al final de los seis meses, observa la mejoría y compárala con los métodos viejos. Estarás agradablemente sorprendido.

Desarrollarás, finalmente, la habilidad para hablar inglés sin esfuerzo. Las palabras brotarán automáticamente. La gramática mejorará automáticamente. Los sentimientos de confianza aparecerán automáticamente.

Effortless English¨ te da la bienvenida.

En la sección final de este libro plantearé temas avanzados y responderé preguntas frecuentes. Sin embargo, no debes concentrarte en estos métodos avanzados hasta que hayas invertido al menos seis meses usando el núcleo del sistema de Effortless English¨ como lo he descrito. La mayoría de los estudiantes sólo necesitarán este núcleo del sistema.

APRENDIENDO INGLÉS EN LÍNEA

Como lo señalé anteriormente, la red ahora tiene todo lo que necesitas para aprender inglés en línea. Puedes comprar lecciones de inglés, encontrar un profesor privado, usar un diccionario traductor, guardar y revisar nuevas palabras, mejorar tu gramática inglesa y conversar con otros estudiantes de inglés. Todo esto, lo puedes hacer en línea. Esto ha sido excelente para los estudiantes de idiomas. Incluso los estudiantes que encuentran difícil tener acceso regular a personas que hablan inglés de nacimiento ahora pueden oír y hablar inglés todos los días con sólo entrar a internet. Aquí están algunas de mis recomendaciones para accesar a lo mejor de la red:

- **Descarga lecciones en inglés de internet en MP3.** Tu primer paso es encontrar cursos en línea de inglés natural. Tú quieres lecciones que usen inglés típico, no lecciones de gramática o lectura. También quieres lecciones con audio, no libros de texto.

- **Las audio lecciones tienen varias ventajas.** Una ventaja es que las descargas inmediatamente. Otra ventaja es que son portátiles –simplemente las pones en tu teléfono o reproductor de audio y puedes aprender inglés en cualquier lugar, a cualquier hora–. Como sabes, las audio lecciones son en general mucho más efectivas que los libros de texto escritos.

- **Localiza una comunidad en línea de inglés.** No hay necesidad de pagar por un tutor o escuela de inglés cara. Puedes encontrar asociados para conversación en inglés en línea, frecuentemente a precios muy accesibles. La mayoría de los asociados en conversación usan programas de conversación con voz ("voice chat programs") que hacen fácil conversar con cualquiera en el mundo, sin costo. Por lo tanto, puedes fácilmente encontrar una persona de habla inglesa de nacimiento o un estudiante avanzado –sin importar dónde vives–. Algunas personas usan conversación en video ("video chats") –¡aun mejor!–.

- **Una comunidad también te da apoyo y estímulo.** Recibirás grandes ideas de otros estudiantes. También harás nuevos amigos de todo el mundo. Los miembros de los cursos de Effortless English˝ automáticamente se unen a nuestra comunidad internacional en línea y pueden usar nuestros foros y sitios sociales.

- **Diccionarios en inglés en línea y Ahorradores de palabras.** Al usar tus lecciones de inglés, a veces querrás buscar nuevas palabras en un diccionario o encontrar una traducción a tu idioma. Los diccionarios en línea son simplemente excelentes –mucho más rápidos que los escritos–.

- **Vas a necesitar dos tipos de diccionario.** El primero es un diccionario estándar. Éste puede ser un diccionario traductor de tu propio idioma o puedes usar una versión English-only (sólo inglés). El otro tipo de diccionario que necesitas es un diccionario de modismos. Como podrás imaginar, este tipo de diccionario contiene modismos comunes en inglés (frases) que no encontrarás en un diccionario estándar.

- **Audio y video.** Internet es un bufet de materiales auténticos de audio y video. Como lo hice notar en un capítulo anterior, puedes encontrar podcasts y audiolibros sobre virtualmente cualquier tema con una simple búsqueda. También puedes ver películas americanas y británicas, y televisión en una variedad de sitios.

  Los estudiantes más avanzados pueden escuchar copias de conversaciones reales. Éstas son las mejores para estudiantes que necesitan entender conversaciones comunes.

CAPÍTULO 17

El poder de leer por placer

Estás usando el sistema Effortless English™ todos los días. Enfocas la mayor parte de tu tiempo en escuchar cuentos muy interesantes. Escuchas cuentos con puntos de vista para aprender gramática naturalmente. Aprendes a profundidad. Como resultado, tu inglés hablado está mejorando. Cada mes hablas más fácilmente y sin esfuerzo. Tu confianza está creciendo. Estás dominando el núcleo, el inglés de alta frecuencia que usan comúnmente los que hablan inglés de nacimiento.

Al continuar mejorando, posteriormente querrás avanzar a un nivel más alto de inglés. Quizás quieras estudiar en el extranjero, en Estados Unidos o Canadá. Quizás quieres trabajar para una empresa internacional que requiere inglés. Quizás necesitas pasar un examen como el TOEFL, TOEIC, o IELTS.

Cuando llegas a este punto, ¿cuál es la mejor forma de mejorar tu lectura en inglés? ¿Cómo puedes aprender a leer más rápidamente? ¿Cómo puedes usar tu lectura para aprender más palabras más rápidamente? ¿Cómo puedes mejorar tu comprensión de la lectura? ¿Cuál es la mejor manera de combinar la lectura y escuchar inglés?

La mayoría de las escuelas enseñan a leer otros idiomas usando un enfoque académico de construcción de habilidades. Típicamente, los estudiantes leen artículos difíciles y luego contestan preguntas sobre los mismos para probar su comprensión. Se les enseña cómo identificar la idea principal del artículo, cómo contestar preguntas con respuestas de opción múltiple sobre el artículo, y cómo deducir el significado de palabras desconocidas. Entonces, se les califica sobre su desempeño.

Durante mi carrera docente he encontrado que la mayoría de los estudiantes están fastidiados de este enfoque. Peor, una tremenda cantidad de investigación muestra que este método es inferior a uno que es mucho más disfrutable y natural. Los estudiantes que usan este método natural escriben mejor, tienen mejores vocabularios, tienen mejor comprensión gramatical y se desempeñan mejor en el examen TOEFL que los que usan los métodos tradicionales que se encuentran en escuelas y libros de texto.

¿Cuál es este método potente y natural? La investigación es clara: la simple lectura por placer es el método de lectura más efectivo de todos. En otras palabras, todo lo que necesitas hacer es leer libros interesantes y relativamente fáciles en inglés. Los ejercicios no son necesarios. Los exámenes no son necesarios. Las estrategias complejas de lectura no son necesarias. Las lecciones no son necesarias. Los libros por requisito no son necesarios.

Gran cantidad de lectura de placer fácil

No hay gran secreto para leer en inglés. De hecho, la respuesta no puede ser más simple. Necesitas leer libros (en inglés) que te sean interesantes y relativamente fáciles. Necesitas leerlos a diario y necesitas leer muchos de ellos.

Resulta que la cantidad es la clave para mejorar en la lectura. En otras palabras, la clave para mejorar la lectura en inglés es leer más páginas todos los días y más libros cada mes. El escoger libros en extremo difíciles es contraproducente. Algunos estudiantes piensan que mejorarán más rápidamente leyendo material difícil, pero lo opuesto es lo cierto. Los mejores materiales de lectura son los que puedes leer sin el uso de un diccionario.

El contenido muy interesante es también vital. Debes escoger libros que sean extremadamente interesantes para ti. Por supuesto, esto es diferente para cada quien. Si te encanta la ciencia, entonces debes leer libros sencillos sobre ciencia y ciencia ficción. Si te encanta el romance, debes leer libros sencillos de romance. Si te encantan los cómics, lee tus cómics favoritos ¡en inglés!

Al principio, puedes necesitar leer libros diseñados para adultos jóvenes. Lee los más que puedas cada semana. Cuanto más leas material interesante, tu lectura será más rápida y mejor. Pronto estarás leyendo novelas y libros de no-ficción escritos para adultos.

Mata dos pájaros de un tiro

El mejor de todos los enfoques para la lectura de placer es combinarla con escuchar inglés. Cuando escuchas y lees al mismo tiempo "matas dos pájaros de un tiro". En otras palabras, consigues dos metas al mismo tiempo: mejoras tu forma de escuchar (y por lo tanto, tu forma de hablar) y mejoras tu habilidad para leer.

Cuando te sea posible, consigue la versión en audiolibro del libro que estás leyendo. Asegúrate de conseguir un audiolibro no comprimido. Las versiones no comprimidas tendrán cada una de las palabras del libro –en forma de audio–. Entonces podrás escuchar cada capítulo al momento de ir leyéndolo. Haciendo esto, automáticamente aprenderás la pronunciación correcta de nuevas palabras que encuentres. También aprenderás a leer un poco más rápidamente ya que seguirás a alguien que habla inglés de nacimiento y que está leyendo el libro en voz alta para ti.

La combinación de escuchar y leer aumentará tanto tu escritura como tu vocabulario hablado. Continuarás aprendiendo nuevas frases en inglés que vienen de materiales naturales reales en niveles más avanzados. Al llegar a ser más avanzada tu habilidad en el inglés, se volverán más importantes las novelas, libros de no-ficción y audiolibros. En el nivel avanzado, invertirás la mayor parte de tu tiempo leyendo y escuchando libros que son interesantes para ti.

¡Tan simple como eso! Lee lo que te encanta y lee mucho. Escucha la versión en audiolibro cuando te sea posible. Ésta es la manera más rápida y que más se disfruta para mejorar tu lectura en inglés. Como veremos en el siguiente capítulo, también es una manera excelente de mejorar tu escritura.

Para practicar

Entra en línea y compra una novela en inglés para adultos jóvenes. Te recomiendo empezar con una serie de libros como "The Hardy Boys" o "Nancy Drew".

Lee un capítulo del libro cada día. En un calendario, marca el número de páginas que lees.

Después de una semana, aumenta el número promedio de páginas leídas. Lee un poco más. Tu meta cada semana es leer más páginas que las que leíste la semana anterior.

Cuando termines el primer libro, lee otro de la serie. Continúa leyendo libros de la serie hasta que los completes todos. Entonces estarás listo para algún otro material más difícil.

Por supuesto, consigue la versión en audio de tus libros cuando te sea posible.

CAPÍTULO 18

El secreto para escribir inglés bien

Hace años estuve enseñando una clase de escritura avanzada en San Francisco. Mis estudiantes eran extranjeros que querían ingresar a alguna universidad americana. Acababan de terminar un ensayo escrito sobre porqué querían estudiar en Estados Unidos.

Cada estudiante me entregó su documento y salió de la clase. Me senté, tomé el primero, y empecé a leer. Leí el primer párrafo y me quedé totalmente confundido. La introducción era un desastre. Las oraciones eran extremadamente largas y complejas y estaban escritas en voz pasiva. El vocabulario era complejo y estaba empleado incorrectamente.

Al continuar leyendo sentía horror. El ensayo del estudiante era ininteligible. Ni siquiera podía entender su idea principal. Frustrado, puse el documento a un lado y tomé otro. Empecé a leer el segundo ensayo y encontré exactamente los mismos problemas. Una vez más, había largas oraciones complejas que eran imposibles de seguir o entender. De nuevo, el estudiante usaba vocabulario complejo que era inapropiado y empleado incorrectamente. Una vez más, no tenía idea de lo que estaba tratando de decir.

Desconcertado, leí todos los ensayos y encontré los mismos problemas en cada uno de ellos: frases enredadas, vocabulario demasiado complejo, uso exagerado de voz pasiva, y ausencia de mensaje o punto claro. Los ensayos eran incomprensibles: "Qué desastre" me decía a mí mismo al terminar con el último documento.

El problema con la escritura académica

¿Por qué eran tan malos esos ensayos, y por qué eran malos de manera tan similar? La respuesta recae, de nuevo, con los currículums ocultos de las escuelas? Cada uno de mis estudiantes había aprendido inglés escrito en la escuela. En sus clases, les habían enseñado un estilo de escritura académico que enfatizaba las oraciones complejas, el vocabulario complejo y la voz pasiva.

Tanto profesores como estudiantes usan este estilo de escritura en un intento de sonar intelectuales. Lo cierto es, sin embargo, que la mayor parte de los escritos académicos es terrible. Las publicaciones académicas, por ejemplo, están repletas de oraciones enredadas que parecen diseñadas para ser lo más confuso posible. Los estudiantes, influenciados por sus profesores, intentan imitar este tipo de escritura. Como lo mostró mi clase de San Francisco, los resultados son típicamente desastrosos.

Escribe como Hemingway

En contraste con los académicos, Ernest Hemingway, escritor ganador del premio Nobel, era famoso por su estilo de escritura sencilla, directa. Hemingway típicamente usaba oraciones cortas, frases simples y vocabulario común para crear cuentos hermosos y potentes.

Aunque sea poco probable que escribas tan bien como Hemingway, su estilo de escritura general es el mejor por seguir. La mayoría de los estudiantes de inglés escriben mal porque hacen sus escritos demasiado complejos. Están tratando de sonar "intelectuales", pero por lo contrario, terminan sonando poco entendibles. La solución es escribir de manera más conversacional. En otras palabras, escribe como hablas.

La escritura conversacional es parecida (aunque no exactamente igual) a hablar. Cuando hablas inglés, probablemente usas oraciones claras, sencillas, directas. Expresas tus ideas de la manera más simple posible.

Oraciones breves, directas, son las mejores. Parte las oraciones largas en una serie de oraciones cortas y sencillas. En la mayoría de las ocasiones, usa la voz activa más que la pasiva. Modela tu escritura en lo periodístico y basada en Hemingway, en vez de en profesores, revistas u otros materiales académicos.

La buena escritura es un proceso de cortar y simplificar. Tu meta es, por consiguiente, comunicar tus ideas usando tan pocas palabras como te sea posible. Cuanto más sencilla hagas tu escritura, tanto más clara y efectiva será.

Cómo desarrollar tu escritura en inglés

Entonces ¿cómo desarrollas un estilo de escritura sencillo, conversacional y directo? Pues resulta que ¡ya sabes la respuesta! En el último capítulo planteamos la importancia de la lectura de placer. La investigación muestra que este tipo de lectura no sólo es una gran manera de mejorar la rapidez de tu lectura, la comprensión de la lectura y el vocabulario, –también es la mejor manera de mejorar tu escritura–.

Así como escuchar es la clave para hablar, leer es la clave para escribir. El mismo principio aplica: información comprensible y relevante es la base para un resultado efectivo. En otras palabras, escuchar es la base para hablar y leer es la base para escribir.

Tal como te has concentrado en escuchar algo relativamente fácil para mejorar tu lenguaje, te concentrarás en lectura relativamente fácil para mejorar tu escritura. Así como te has concentrado en escuchar cuentos comunes y audios auténticos para dominar el inglés hablado, leerás cuentos y libros auténticos para dominar el inglés escrito. Necesitaste escuchar mucho para hablar sin esfuerzo y ahora necesitarás leer mucho para escribir sin esfuerzo.

Ésta es la razón por la que tu actividad número uno para escribir es leer. Nada supera la abundante lectura de placer para mejorar la gramática escrita, el vocabulario escrito, la estructura de las oraciones, la ortografía y la claridad. Cuanto más leas por placer, tanto más absorberás intuitivamente la estructura de las oraciones en inglés. En otras palabras, aprendes a escribir mejor al imitar la escritura de buenos escritores. La mejor forma para imitar a los buenos escritores es leer sus libros.

Recuerda, cuando se trata de leer por placer, la cantidad es lo más importante. Tu meta es aumentar constantemente el número de páginas leídas en inglés cada semana.

Lee las novelas que te encantan. Lee libros de no-ficción que te fascinen. Lee cómics. Lee artículos sencillos. La cantidad que lees es lo más importante, no lo difícil que es. De hecho, materiales fáciles son generalmente los mejores, especialmente para fines de mejorar tu escritura.

La práctica de la escritura diaria: escritura veloz

Demasiados estudiantes de inglés se enfocan en escribir ensayos académicos. Como lo dije anteriormente, estos tipos de ensayos son con frecuencia demasiado complejos. La escritura académica bien escrita es un gran desafío y es uno de los niveles más avanzados de escritura.

Por esto es que muchos estudiantes se benefician al enfocarse inicialmente en formas más sencillas de escritura. Una de las mejores maneras para hacer esto es escribir un diario. Escribir diarios ayuda a mejorar la estructura de las oraciones, escribir más rápida y claramente.

La clave para escribir un diario es mantenerlo breve y sencillo. Cada día, escoge un tema sencillo sobre el que vas a escribir. Podrías escribir acerca de algo que hiciste el día anterior. Podrías escribir sobre alguna de tus metas. Podrías escribir acerca de algo que leíste recientemente, comunicando tus puntos de vista o sentimientos al respecto.

El siguiente paso es fijar un temporizador, con una alarma, por diez minutos. Cuando estés listo para empezar, presiona "start" en el temporizador y escribe tan rápidamente como puedas. El punto más importante es no tomar un descanso nunca. Debes escribir durante los diez minutos completos, sin parar. No hagas pausa para pensar en qué vas a escribir a continuación. No hagas pausa para corregir errores. No hagas pausa para pensar en una mejor frase. No dejes que tu mano detenga su movimiento –continúa escribiendo cualquier cosa que llegue a tu cabeza durante los diez minutos completos–.

Esta técnica se llama "escritura cronometrada" y es comúnmente utilizada por autores profesionales. Escribiendo rápidamente, sin pausar, saltas a tu cerebro crítico y aprendes a permitir que tus palabras fluyan. Cuando empieces esto, probablemente te sentirás frustrado. Lucharás por pensar en qué escribir. Tu escritura estará desorganizada. Cometerás muchos errores. No te preocupes.

Al continuar empleando escritura cronometrada diariamente, mejorarás. La rapidez y fluidez de tu escritura aumentará. Observarás que naturalmente usarás frases que leíste en algún libro o artículo. Puesto que estás escribiendo rápidamente, te verás forzado a escribir más sencillamente. No tendrás tiempo para pensar en reglas gramaticales.

Semana tras semana, la estructura de tus oraciones mejorará. Más importante quizás, tu confianza con tu inglés escrito mejorará. Si te sientes suficientemente seguro, podrías publicar tu diario en línea escribiéndolo como un blog. Cada día, publica un nuevo "post" de tu escritura cronometrada.

Reescribir es el secreto para escribir bien

Leer por placer y escribir diariamente en forma cronometrada son las bases de tu práctica de inglés escrito. Sin embargo, no llegarás a ser un gran escritor usando solamente estos dos métodos. De hecho, tus escritos cronometrados probablemente nunca serán excelentes. Siempre tendrán errores y problemas, y eso está bien.

A decir verdad, los escritos de tu imperfecto diario estarán en buena compañía. Éste es un secreto que pocos escritores discuten, pero que todos saben: ¡casi todos los primeros borradores son malos! En otras palabras, incluso los escritores profesionales cuya lengua natal es el inglés, a quienes pagan cientos o miles de dólares por sus libros, pueden escribir mal. Todos los escritores cometen errores gramaticales. Todos los escritores cometen errores ortográficos.

Los grandes escritores saben que el secreto de la buena escritura es la reescritura. Verás que con la escritura tenemos una gran ventaja comparada con hablar. Tenemos tiempo. Tienes tiempo para leer lo que escribiste. Tienes tiempo para identificar tus errores. Tienes tiempo para corregir esos errores. Tienes tiempo para reescribir completamente todo. Incluso, tienes tiempo para mostrar tus escritos a otra gente ¡y obtener su ayuda!

Para la escritura informal, tal como una publicación en blogs o un correo electrónico, generalmente no es necesario reescribir. Sin embargo, para comunicación importante como propuestas de negocio, ensayos escolares, correos electrónicos importantes, artículos profesionales, etc., reescribir es absolutamente esencial.

La buena noticia es que no necesitas escribir perfectamente. Es aceptable cometer errores en tu primer borrador. Todos lo hacemos. Es incluso aceptable que tu primer borrador sea terrible. Con la escritura, únicamente el escrito final es esencial y deberá estar libre de errores.

Tú creas tu gran versión final por medio del proceso de edición. Primero, usa escritura cronometrada para escribir rápidamente tu primer borrador. Plasma tus ideas en papel. Comete errores. Sólo escribe rápidamente.

Una vez que tienes el primer borrador, tienes algo con qué trabajar. Piensa que eres un escultor y que el primer borrador es tu arcilla. Lee el borrador, imaginándote tú mismo como el lector final (tu audiencia). ¿Son claras tus ideas? ¿Está todo expresado tan directamente como es posible? ¿Qué está confuso? ¿Las ideas están bien organizadas?

Sin duda, encontrarás muchos problemas. Es entonces cuando reescribes. Corrige los problemas. Elimina los errores. Reescribe secciones completas, o todo, si es necesario. Tu enfoque es hacer más sencillo el segundo borrador, más claro y más directo.

Cuando terminas tu segundo borrador, guárdalo y hazlo a un lado. Si es posible, espera un día y entonces lo relees. Nuevamente, imagina que eres el lector final. Busca oraciones rebuscadas. Busca ideas noclaras. Corrige los problemas otra vez y reescribe por segunda ocasión.

Para muchos tipos de escritura, reescribir dos veces es suficiente. Sin embargo, si el escrito es particularmente importante, necesitarás hacerlo más veces. Para este tipo de escritura, lo mejor es conseguir ayuda externa de un editor. Tu editor podría ser un amigo, un tutor, o incluso, un profesional remunerado. Esta persona leerá tu tercer borrador y te aconsejará. Pídeles que te reescriban rápidamente cualquier sección problemática.

Trabajar con un editor te ayudará a crear el mejor escrito posible. No siempre es necesario, pero hazlo cuando puedas, y observa cuidadosamente sus sugerencias de reescritura.

Después de varias reescrituras con tu editor, estarás listo para publicar lo que has escrito. Antes de hacerlo, asegúrate de usar revisores de ortografía para hallar errores ortográficos que se te pudieran escapar.

Para práctica

Haz un escrito cronometrado de diez minutos todos los días. Durante este periodo de tiempo, escribe tan rápidamente como puedas sin detenerte.

Al día siguiente, relee lo que escribiste el día anterior en tu diario. Identifica problemas y errores rápidamente. Reescribe tu diario para hacerlo más claro. Elimina todo lo que no sea necesario.

El día tres, regresarás al paso uno y harás otro escrito cronometrado. Continúa siguiendo este patrón, alternando escritura cronometrada con reescrituras.

CAPÍTULO 19

Porqué no debes practicar el inglés hablado

Durante mi primer trabajo como profesor de inglés en Corea, trabajé con un miembro del equipo llamado Seo. Seo trabajaba en la oficina de ventas de la escuela. Su trabajo era convencer a los padres a que inscribieran a sus hijos. Seo era una persona energética y amigable. Estaba decidido a mejorar su inglés, que no era excelente.

Ya que Seo trabajaba en una escuela de inglés que empleaba a más de veinte personas que hablábamos inglés de nacimiento, su estrategia era "practicar" inglés con nosotros en cada oportunidad. Cada día, Seo buscaba a uno de los profesores. Cuando encontraba a alguno, lo acorralaba y hablaba lo más que podía usando su pésimo inglés. Estaba especialmente interesado en modismos y hacía un gran esfuerzo para usarlos en estas conversaciones.

Durante mi año en Corea, Seo me acorraló en varias ocasiones. Aunque era una persona agradable, rápidamente empecé a sentir pavor por encontrarme con él. Los otros profesores también sentían lo mismo. Siempre que veíamos a Seo, desviábamos nuestro camino. ¡Nadie quería hablar con él!

¿Qué estaba sucediendo? ¿Estábamos siendo crueles? La verdad es que evitábamos a Seo porque estaba tratando de usarnos como sus tutores gratis de inglés. Más que comunicarse con nosotros como amigos, él "practicaba" su inglés con nosotros. Nos pedía que corrigiéramos sus errores. Nos pedía que le confirmáramos si estaba usando sus modismos correctamente. Nos pedía consejo sobre su pronunciación.

Las conversaciones con Seo pronto se sintieron como dar una clase de inglés, más que comunicarse con un amigo.

Al vernos meramente como oportunidades para practicar, Seo mataba la posibilidad de una verdadera amistad. Sentimos que trataba de usarnos. Los diálogos con él eran innaturales y molestos porque su interés era solamente el idioma inglés, más que la verdadera comunicación.

Por esta forma de ser, Seo nunca hizo amistad con ninguno de los profesores. Irónicamente, si sólo nos hubiera hablado como gente común, sin enfocarse en el inglés, habría hecho un buen número de amigos que hablaban inglés. Habría tenido la oportunidad de tener muchas más conversaciones reales.

Desafortunadamente, Seo no es el único. Muchos estudiantes están obsesionados con "practicar" su inglés. Dado que su interés está en la práctica, estos estudiantes buscan desesperadamente "socios conversacionales". Sin embargo, al insistir que otros les corrijan sus errores o les ofrezcan consejos sobre su inglés, estos estudiantes ahuyentan a los que hablan inglés como lengua natal que de otra manera estarían contentos de conversar con ellos.

Esta es la razón por la que no debes "practicar" el inglés con gente que habla inglés de origen. En vez de practicarlo, sencillamente concéntrate en ser un verdadero amigo. Comunícate, sin enfocarte en el idioma inglés. Conversa sobre tus intereses comunes. Haz preguntas y escucha las respuestas. Muestra aprecio y comprensión. En otras palabras, trátalos como lo harías con un amigo que habla tu propio idioma.

Una de las mejores maneras de hacer esto es conocer gente con la que se comparte una pasión. Por ejemplo, si te encantan las películas, únete a foros en línea dedicados a amantes del cine. Únete a clubes de aficionados internacionales dedicados a tus películas y músicos favoritos. Conéctate con otros con quienes compartes un hobby.

Cuando te comuniques con estas personas, hablen sobre su pasión compartida. Nunca pidas que corrijan tu inglés. No te disculpes por tu inglés. No pidas ningún consejo sobre el inglés en absoluto. No son tus profesores de inglés, son tus amigos. Aprenderás mucho más sólo platicando con ellos que tratando de hacerlos tus tutores personales.

La corrección de errores es inútil de cualquier forma

Una meta investigación de la University of Southern California encontró que la corrección de errores no tiene impacto en absoluto en el inglés hablado. En otras palabras, los estudiantes cuyos errores verbales fueron corregidos no mostraron mejoría, y resultaron similares a los estudiantes que no fueron corregidos. La conclusión: la corrección de errores verbales es inútil.

Es más, es peor que inútil. La corrección de errores te daña porque te fuerza a pensar constantemente en gramática. En lugar de enfocarte en comunicar tus ideas, te concentras cada vez más en el idioma en sí. Hacerlo así generalmente conduce a mayor ansiedad, que sabemos que hace lento tu aprendizaje y daña tu desempeño. Por esta razón nunca debes pedirle a un profesor o amigo que corrija tu inglés hablado. Es una pérdida de tiempo suyo y tuyo. La corrección de errores también envenenará tu relación con la gente de habla inglesa y la ahuyentará, tal como Seo irritaba a los profesores de la escuela en Corea.

Esta gran verdad es difícil para muchos estudiantes. Y la investigación es clara. No obtendrás ningún beneficio de que te corrijan tus errores hablados (observa que en la escritura es diferente porque es un proceso que puede ser hecho consciente y metódicamente). Así que más que solicitar la corrección de errores, pide a los demás que eviten corregir tus errores. Si le pagas a un socio conversador, pídele que evite corregir tus errores. Si nota un error, sólo pídele replantear la idea usando inglés correcto. Al escuchar tu idea replanteada correctamente, intuitivamente aprenderás a mejorar sin pensar conscientemente en el inglés.

Cuando converses, escucha más tiempo que el que hablas

Cuando uno piensa en conversaciones, la mayoría de los estudiantes se concentran en hablar. Se preocupan por hablar correctamente. Se preocupan por recordar palabras de vocabulario. Temen cometer errores. En mi experiencia, la mayor parte de los estudiantes de inglés concentran 90% de su energía en hablarlo.

Sin embargo, la verdadera fuerza de las conversaciones en la vida real proviene de escuchar, no de hablar. Piénsalo. Cuando conversas con alguien de habla inglesa, tienes una tremenda oportunidad. Al hablarlo desde su nacimiento, automáticamente son la mejor fuente del auténtico inglés hablado. Usarán naturalmente frases de uso muy frecuente, modismos, lenguaje coloquial y gramática.

Si durante una conversación con un angloparlante pasas la mayor parte de tu tiempo hablando, habrás perdido una gran oportunidad. Cuando hablas con uno de ellos ¿cómo estás aprendiendo exactamente? Podrías tener una pequeña práctica, pero no aprenderás nada nuevo.

Por otro lado, al escuchar a una persona que habla inglés de nacimiento obtienes una fortuna de aprendizaje. Escucharás la verdadera pronunciación de origen. Aprenderás frases naturales. Aprenderás nuevas palabras. Aprenderás modismos y lenguaje coloquial. De hecho, la mayor parte del beneficio de tener conversaciones en inglés sucede cuando escuchas.

Esto es buena noticia, porque a la mayoría le gusta hablar. No necesitas sentirte estresado por hablar con una persona que habla inglés de origen porque es muy fácil. Lo único que tienes que hacer es hacerle muchas preguntas. Pregúntale sobre su vida. Pregúntale sobre su trabajo o escuela. Pregúntale sobre su familia. Pregúntale sobre sus pasatiempos e intereses. Pregúntale sobre sus experiencias pasadas.

Entonces escucha. Escucha cuidadosamente. Conforme conversan, mira a sus ojos y el resto de su cara. Busca entender lo mejor que te sea posible. Si no entiendes algo, hazle más preguntas para aclarar significados.

Cuando tu meta es escuchar, en vez de hablar, aprenderás más inglés y serás también un mejor amigo. ¡Todo mundo ama a alguien que sabe escuchar! El beneficio adicional para ti es que te puedes relajar. No necesitas sentirte presionado para hablar. Con unas cuantas preguntas sencillas tendrás todas las conversaciones que quieras.

Mini cuentos contados de nuevo

Hemos comentado sobre las oportunidades en que se dan las conversaciones naturales y cómo manejarlas. En esta última sección, te enseñaré cómo practicar hablar inglés y mejorar tu pronunciación. Aunque siempre pasarás gran parte de tu tiempo escuchando, los estudiantes avanzados también pueden beneficiarse con un poquito de práctica hablada a diario.

La práctica hablada sólo es recomendada para estudiantes avanzados que ya hablan inglés sin esfuerzo. En esa fase, estarás listo para enfocarte en tu pronunciación y rapidez.

Una de las formas más fáciles para practicar hablar es volviendo a contar mini cuentos. Como el nombre lo sugiere, usarás los mismos mini cuentos descritos en la Séptima Regla: escucha y responde mini cuentos. Continuarás escuchando los cuentos diariamente. Continuarás gritando tus respuestas a las preguntas.

Entonces añadirás este siguiente paso. Después de que termines de escuchar el cuento, apaga el audio. Párate frente a un espejo. Alcanza tu estado emocional pico –brinca, grita, sonríe–. ¡Energízate!

Cuando te estés sintiendo muy bien, vuelve a contar el mini cuento que acabas de escuchar. No trates de contar el cuento exactamente, palabra por palabra. No trates de memorizarlo palabra por palabra. Más bien, tan pronto como puedas, cuenta de nuevo el cuento usando tus propias palabras. Si quieres, incluso puedes cambiar el cuento.

El punto más importante es hacer esto rápidamente. ¡Esfuérzate por ser rápido! En voz alta y energética, cuéntate el cuento frente al espejo. Esto sólo te llevará unos cuantos minutos. Cuando termines, tómate un breve descanso y entonces repites el proceso nuevamente. Trata de volver a contar el cuento aun más rápidamente la siguiente vez.

El propósito de los recuentos rápidos es saltar tu lógico (y lento) cerebro izquierdo. Al hablar rápidamente, te obliga a hablar más natural e intuitivamente. Al hacer esto a diario, tu fluidez aumentará. Hablarás más rápidamente sin esfuerzo. El inglés brotará de ti más y más fácilmente. En esta fase, estás listo para el siguiente paso final: la pronunciación.

Recuentos de pronunciación

Al principio de este libro, describí la técnica de películas y te enseñé un método para usarla y mejorar la pronunciación. Puedes usar una técnica parecida volviendo a contar mini cuentos.

Primero, repite los pasos de la sección anterior. Haz unos cuantos rápidos recuentos del cuento. Cuando puedas hacerlo fácilmente, es tiempo de trabajar en la pronunciación.

Escucha una oración del mini cuento y detén el audio. Al escuchar esta oración, escúchala con mucha atención. Enfócate especialmente en el ritmo y la entonación. Date cuenta cuando el que habla hace pausas. Date cuenta cuando la voz del que habla sube y cuando baja. Date cuenta cuando su voz es fuerte y cuando la suaviza.

Después di la misma oración y copia exactamente la voz del que habla. De nuevo, imagina que eres un actor tratando de imitar exactamente al que habla. Usa su voz. Usa su emoción. Incluso, usa tu cara y cuerpo como imagines que el que habla lo haría. Trata de convertirte en esa persona al hablar.

Entonces, escucha la siguiente oración y pon pausa, repitiendo el proceso. De esta forma, continúa con el mini cuento completo. Asegúrate de imitar tanto las preguntas como las respuestas.

Por supuesto, lo mejor es escoger ¡a alguien que te gusta como habla!

Usando los métodos de este capítulo, llevarás tu inglés hablado a un nivel avanzado, a casi el de un angloparlante de nacimiento.

CAPÍTULO 20

El inglés es el lenguaje de los negocios internacionales

Hace unos cuantos años estaba revisando propuestas de negocios. Nuestra compañía necesitaba nuevos gráficos para nuestra página web, así que publiqué el ofrecimiento de un trabajo en un foro internacional de freelancers ("autoempleados que ofrecen sus servicios"). Llegaron más de veinte respuestas para nuestro puesto solicitado. Cada respuesta contenía una propuesta para nuestro proyecto.

Al revisar las propuestas, me di cuenta de las nacionalidades de los artistas gráficos. Había una compañía de Argentina. Había un artista de Hungría. Había un concursante japonés. Había un alemán y un malasio. Había varios de Estados Unidos y Canadá.

Al observarlos, me impacté con este claro ejemplo de la globalización. Toda esta gente estaba participando en un mercado en línea internacional. Entonces me di cuenta de lo obvio: todos estaban usando el inglés. Todas las propuestas estaban escritas en inglés. Por lo tanto, cada uno de estos artistas estaba compitiendo no sólo basándose en su habilidad artística, sino también en su habilidad para comunicar sus habilidades en inglés.

Claramente, el inglés es el idioma internacional de los negocios. Es por esta razón que las escuelas, en cualquier lugar del mundo, ofrecen clases de inglés. La habilidad en el idioma inglés es una ventaja competitiva para todos y cada uno de los que la tienen. El inglés abre el mundo a empresas y freelancers indistintamente. La falta de inglés cierra oportunidades y te coloca en desventaja en nuestra economía global.

Simplemente, estos son los hechos, te agraden o no. La realidad es que el inglés está siendo cada vez más importante para la economía global. Más y más trabajos, en más y más países, están requiriendo dominio del inglés hablado. Algunas compañías como la japonesa Rakuten, están haciendo del inglés su idioma oficial.

Hiroshi Mikitani, fundador y CEO de Rakuten, creó una política de sólo-inglés para esta empresa de comercio en la red. El señor Mikitani dijo que "una de las cosas que detienen a las empresas japonesas para competir globalmente es la barrera del idioma que les impide entender totalmente a la competencia extranjera". También dijo que la falta de dominio del inglés impide que las compañías japonesas consigan talento global y retengan a personal que no es japonés.

Con la nueva política, a todos los empleados se les ha requerido usar inglés para las comunicaciones de la empresa, incluidas juntas, presentaciones, correos electrónicos y otros documentos. La compañía espera que sus empleados sean proactivos en el aprendizaje de inglés de manera independiente.

Mientras esto es una tendencia creciente para Japón, muchas compañías internacionales están aumentando sus requerimientos relacionados con el inglés. Muchas, como Rakuten, están instituyendo políticas de sólo-inglés. En tanto que esta tendencia crece, la demanda por el inglés comercial crece con ella. De manera incremental, en el mundo de los negocios sencillamente no hay manera de escapar del inglés.

Sigue siendo inglés

El inglés de negocios abre oportunidades comerciales. Debido a esto, una gran variedad de clases de inglés comercial, escuelas, libros de texto y lecciones han llegado para satisfacer la necesidad. No sorprende que la mayoría de estos materiales use los mismos viejos métodos para enseñar inglés comercial tal como los han usado para enseñar el inglés general.

El inglés de negocios no es un tipo de inglés aparte. La buena noticia es que la mayor parte del inglés usado en situaciones de negocios es el mismo que se usa comúnmente en otras situaciones. En negocios, encontrarás el mismo vocabulario, los mismos modismos y la misma gramática.

La adición principal al inglés de negocios es sencillamente un vocabulario relacionado con temas específicos de negocios. Este vocabulario cae en dos categorías: términos de negocios en general y jerga especializada.

Los términos generales de negocios son aquellos usados en todo el mundo comercial. Éstos son frases comunes usadas frecuentemente en juntas, propuestas, y presentaciones. Son bastante fáciles de aprender, usando los mismos métodos de Effortless English˝ que ya estás aplicando.

La forma fácil de aprender inglés de negocios

Aprender inglés de negocios es sencillamente una cuestión de seleccionar materiales propios que estén relacionados con los temas de negocios. En otras palabras, usas exactamente el mismo método Effortless English˝.

Primero, te enfocas en el combustible, tu psicología. Cambias tus creencias limitantes. Te metes en un estado emocional pico. Después aplicas las siete reglas. Pasas la mayor parte del tiempo escuchando. Aprendes a profundidad. Evitas libros sobre gramática y libros de texto. Escuchas mini cuentos y cuentos con puntos de vista –escogiendo cuentos relacionados con temas comerciales que usan vocabulario de negocios en inglés–.

Para que escuches aun más, escucha materiales de verdadero inglés de negocios como podcasts de negocios, noticieros de negocios, y audiolibros de negocios. Cuando te sea posible, obtén tanto el texto como la versión en audio. Léelos y escúchalos simultáneamente.

Tal como lo hiciste con el inglés general, escoges materiales que sean de tu interés. Si eres una persona de ventas, escoge materiales relativos a ventas. Si tu campo es finanzas, entonces te concentras en audios y textos relacionados con finanzas.

No tienes que hacer nada especial. Sólo sigue el mismo sistema Effortless English", usando materiales de negocios.

Aprende la jerga especializada al final

Algunos campos de negocios tienen un gran número de palabras especializadas. Este vocabulario especializado se llama "jerga". Por ejemplo, los contadores tienen un gran número de términos contables que se usan ampliamente en sus trabajos. Este vocabulario especializado es vital para los contadores.

Si bien es necesario, la jerga es el tipo de inglés de negocios que aprenderás al último. Antes de aprender la jerga, debes concentrarte en inglés general de negocios. Domina las frases de negocios más comunes, escuchando y leyendo contenido de negocios real. Sólo después de que hayas hecho esto, deberás preocuparte por la jerga.

Por supuesto, aprenderás la jerga de tu especialidad en exactamente la misma manera en que aprendiste inglés general de negocios. Cuando estés listo, sencillamente cambia el material que estás escuchando y leyendo. Reúne materiales reales que estén específicamente relacionados con tu especialización.

Escoge material que sea útil. Más que concentrarte en el inglés, enfócate en aprender más acerca de tu especialidad que provenga de fuentes en inglés. Desarrolla tu conocimiento y habilidades usando estos recursos y a la vez, automáticamente, mejorarás tu inglés de negocios.

CAPÍTULO 21

Cómo dar presentaciones convincentes en inglés

Estaba parado al lado del estrado, esperando dar mi primer discurso público a un grupo de treinta personas. Mi corazón palpitaba rápidamente. Mi respiración era corta y poco profunda. Mi cuerpo entero estaba agitado. Miré mis manos y estaban temblando. Traté de controlar el temblor pero no pude. Pensé para mí, "¿Qué pasaría si olvidara todo y me congelara?"

De pronto, escuché mi nombre al ser anunciado a la audiencia. Caminé hacia el estrado. El público aplaudió pero no podía escucharlo. Miré de reojo y los vi como al final de un túnel. Mi vista se había reducido y mi visión periférica se había obscurecido.

Cuando empecé a hablar, sentí que mi garganta se cerraba. Mi voz sonaba extraña –aguda y débil–. Fije mi vista en la pared al final de la sala y di rápidamente mi presentación. Mi único objetivo era terminar tan pronto como fuera posible y bajarme de aquel estrado. Aunque mi presentación fue de sólo tres minutos, la sentí como de horas.

Cuando terminé, salí rápidamente del estrado y me senté. Mis manos todavía estaban temblando sin control.

Pocas actividades son tan aterrorizantes como hablar en público. Los discursos se consideran continuamente como una de las experiencias más temidas y estresantes de la vida –temidas por casi toda la gente–. Esta experiencia estresante se hace aun más difícil cuando el inglés no es tu lengua natal.

Cuando tienes miedo, tienes una reacción tanto mental como física. Las reacciones físicas son particularmente difíciles de manejar. Cuando estás aterrado, tu cuerpo produce una respuesta de adrenalina. Las glándulas adrenales liberan adrenalina en tu sangre, preparándote para "pelear o huir".

Las respuestas físicas de adrenalina son bastante consistentes y predecibles e incluyen sudoración, aumento del ritmo cardiaco, respiración rápida y entrecortada, tensión muscular, agitación, malestar estomacal, visión de túnel, y pérdida de control muscular fino.

La adrenalina produce cambios mentales también. Cambia tu sentido del tiempo. La mayor parte de la gente experimenta una "lentitud" del tiempo, mientras que otros experimentan una "aceleración del tiempo". Lo peor para todos los que hablan en público es que la adrenalina causa que tus actividades cerebrales elevadas se hagan lentas. La actividad cerebral se desvía a las secciones más primitivas y emocionales del cerebro. Por esto, es que puedes hablar perfectamente bien con una persona, pero sufres terriblemente cuando hablas frente a un grupo. Tu cerebro no está funcionando tan bien.

Claramente, el gran reto de hablar en público es sobreponerse a estas reacciones de miedo.

La psicología es ochenta por ciento del éxito

Podía oír a la multitud de tres mil en la sala de al lado. La música de rock estridente hacía eco en todo el lugar. Un zumbido energizante creció cuando el organizador del evento empezó a presentarme.

Atrás del estrado, mi emoción se fortaleció. Brinqué, grité y sonreí. Me grité a mí mismo "¡Estoy aquí para aportar!", ¡Entregaré toda mi energía y habilidad para ayudar hoy a este público! ¡Estoy listo para bailar! ¡Sí!, ¡Sí!, ¡Sí!

Caminé a la puerta y me asomé para ver al público. Estaban de pie, aplaudiendo. Y después empezaron a corear mi nombre "¡A.J. Hoge!, ¡A.J. Hoge!, ¡A.J. Hoge!" Una oleada de energía atravesó todo mi cuerpo. Brinqué y corrí hacia el estrado. El público siguió gritando mi nombre.

Parado ahí, viendo de frente al público de tres mil personas, no sentí miedo. Mi respiración era profunda, mi cuerpo estaba relajado. En lugar de miedo, sentí un tremendo entusiasmo. En lugar de nerviosismo, me sentí motivado.

Mi experiencia de hablar en público se había transformado totalmente. Ante un discurso, ahora me siento poderoso –una increíble mezcla de confianza, emoción y entusiasmo–.

¿Cómo logré un cambio tan dramático? Lo hice usando unas cuantas técnicas sencillas, practicadas cientos de veces.

La buena noticia es que tú puedes hacer lo que yo hice. No importa cuánto temor puedas tener para presentaciones en inglés, practicando una técnica sencilla puedes entrenarte para sentirte fuerte y seguro cada vez que tengas que dar un discurso en público.

Sentirse fuerte y seguro es el ochenta por ciento, o más, del éxito de hablar en público. Ya sabes cómo hablar. Una vez que vences el miedo de hablar en público, no tendrás ningún problema para dar excelentes presentaciones en inglés.

La confianza debe ser entrenada

La confianza no sucede accidentalmente. Para vencer el miedo de hablar en público, debes desarrollar dominio emocional a un nivel muy alto. Hacerlo requiere práctica y entrenamiento. Los grandes oradores entrenan constantemente.

Usarás una técnica muy básica para lograr el dominio emocional necesario para hablar en público. Esta técnica está diseñada para sobreponerse a la respuesta de miedo natural y reemplazarla con sentimientos de seguridad.

Para que esta técnica sea exitosa, debes practicarla muchas veces antes de dar un discurso. Idealmente, repetirás esta técnica cientos de veces antes de subir al estrado. Lo harás siempre, antes de cada discurso que des.

No puedes suprimir el miedo, sólo puedes transformarlo

La respuesta de adrenalina es poderosa. Una vez que se dispara es casi imposible suprimirla. No puedes luchar contra ella. De hecho, cualquier intento de suprimir el miedo lo hace peor.

Por ejemplo, si tus manos empiezan a temblar antes de dar un discurso, es casi imposible detenerlas. Lo mismo también es cierto para los latidos de corazón, respiración corta, tensión muscular, etc. Una vez que estas reacciones empiezan, no puedes pelear contra ellas. La adrenalina ya está en tu sangre y tu cuerpo responderá. Si tratas de luchar contra las reacciones, aumentará tu frustración por tu incapacidad para cambiarlas. Tus temores se multiplicarán al darte cuenta de que no estás en control, y los síntomas empeorarán.

Una vez que la respuesta de adrenalina se dispara, tienes solamente una opción: canalizar la energía en algo positivo. Recuerda el propósito de la adrenalina: te prepara para pelear o huir. Esto significa que puedes usar las mismas reacciones de miedo/huir para generar, en su lugar, valor y espíritu de lucha. Así es como yo transformé mi propio miedo de hablar en público.

Usando la energía en vez de resistirte a ella, te transformas en un orador dinámico y seguro. Las respuestas físicas de miedo y excitación son casi idénticas. Cuando estás excitado tus latidos de corazón aumentan, tu respiración se acelera y tu tensión muscular se incrementa. Cuando estás extremadamente excitado, puedes sudar y tus manos pueden temblar. En otras palabras, tu cuerpo reacciona igual. ¿Entonces qué hace la diferencia entre el miedo extremo y la emoción extrema?

Lo que determina si experimentas temor o emoción, son los pensamientos y sentimientos que enlazas a las reacciones físicas. Al conectar experiencias positivas a las sensaciones físicas, tú mismo te capacitarás para sentirte emocionado y poderoso en vez de temeroso.

Cómo convertir el miedo en poder

De nuevo regresaremos a la técnica del anclaje para programar tu cerebro para tu seguridad de hablar en público.

El primer paso es recrear, lo mejor que puedas, las sensaciones físicas del miedo. Tú quieres acelerar tus latidos del corazón. Quieres apresurar tu respiración. Quieres endurecer tus músculos. La forma más fácil de hacer esto es usar el ejercicio de estados pico que aprendiste al principio de este libro.

Pon tu música energética favorita en volumen alto. Al escucharla, empieza a brincar y mover tu cuerpo. Poco a poco, brinca más alto y más rápido. Pon una gran sonrisa en tu cara. Haz fuertes gesticulaciones con tus brazos. Grita fuerte "¡Sí!, ¡Sí!, ¡Sí!" Continúa hasta que tu corazón esté latiendo rápidamente y estés respirando con fuerza.

Apaga la música y, todavía respirando fuertemente, empieza a hablar sobre tu tema. Habla sobre las ideas principales. Si ya planeaste el discurso, dilo todo. Al hablar mueve tu cuerpo. Camina de un punto del cuarto a otro. Usa gesticulaciones fuertes para enfatizar tus puntos. Continúa sonriendo.

Al principio esto será difícil ya que te faltará aire. Tu corazón estará latiendo rápidamente y se te podrá dificultar pensar en tu discurso. Está bien. Continúa sonriendo y hazlo lo mejor que puedas. Cuando termines, pon de nuevo la música y repite todo el proceso.

Repite este ejercicio al menos cuatro veces al día. Todos los días trata de que tu corazón lata aun más rápidamente antes de que practiques tu discurso.

Este ejercicio logra varias cosas. Primero, creas un ancla positiva. Al poner música que te encanta, brincar y divertirte, generas fuertes emociones positivas. Sintiéndote en forma excelente empiezas tu discurso. Con repeticiones, estos grandes sentimientos llegan a conectarse con el acto de dar un discurso. Posteriormente, el solo pensar en hacer una presentación te hará sentir emocionado automáticamente.

Este ejercicio también te entrena para tratar con los mayores síntomas del nerviosismo: latidos rápidos de corazón, respiración rápida, sudoración, etc. La mayoría de la gente practica un discurso cuando se sienten calmados. Puesto que siempre practican en un estado emocional tranquilo, no están listos para el flujo de emociones que llegan justo antes del discurso real. Al practicar con ritmo cardiaco y respiratorio elevados, estás entrenando a tu mente para esperar estas reacciones y manejarlas. El día del discurso, no te asustarán estos síntomas porque te serán normales y familiares. En cambio, estarás acostumbrado a canalizar esta energía física en emociones positivas y acciones fuertes.

Ésta es la diferencia entre entrenar y practicar. Los que practican, sencillamente revisan sus discursos. Los que entrenan hacen lo mejor para recrear las condiciones emocionales y físicas que ocurrirán durante el discurso real. Entrenando, te prepararás íntegramente y estarás listo para cualquier cosa.

Practica diariamente técnicas de dominio emocional

El entrenamiento de estados pico lleva su tiempo. No es suficiente hacer esto sólo unas cuantas veces. Idealmente, harás este entrenamiento cientos de veces antes de cada discurso que des. La preparación y el entrenamiento son los que te convierten en un gran orador.

Simplemente debes practicar a diario para mejorar y dominar el miedo a hablar en público. No es fácil, pero la recompensa es alta. El dominio de hablar en público te abrirá muchas oportunidades. Cuando hablas ante un público, eres capaz de llegar a decenas, centenas, o incluso miles de personas a la vez. Tu influencia crece. Al crecer tu influencia, también lo hace tu carrera.

CAPÍTULO 22

El inglés te conecta con el mundo

Piensa porqué estás estudiando inglés. Es probable que algo tiene que ver con comunicarte o conectarte con otra gente. La conversación en inglés se trata de conexión. Ése es el propósito de la conversación en inglés: conectar con otra gente alrededor del mundo. Queremos conectarnos personal y emocionalmente. Queremos conectarnos con socios de negocios, clientes y consumidores. Queremos conectarnos con colegas profesionales. Queremos conectarnos con nuevos amigos.

En breve, necesitas una comunidad para usar el inglés. Como estudiante, es especialmente útil unirte a una comunidad de otros estudiantes de inglés para practicar y mejorar. El tipo de comunidad al que te unas, no obstante, es muy importante.

Tu grupo de compañeros tiene un fuerte efecto sobre tu éxito ulterior. Un "grupo de colegas" es sencillamente un grupo de gente que está interconectada entre sí. Tus amigos son un grupo de colegas. Tu familia es otro grupo de colegas. Si te unes a una clase de inglés en una escuela, tus compañeros llegan a ser un grupo de colegas. Si te unes a una comunidad en línea de estudiantes de inglés, ellos llegan a ser tu grupo de colegas.

Los grupos de colegas influyen en sus miembros porque, como grupo, comparten y promueven ciertos valores y conductas. El grupo, como un todo, tiene ciertos estándares y cada miembro del grupo es impulsado hacia esos estándares. Este efecto de grupo puede producir importantes resultados positivos o negativos.

Un grupo de colegas negativo es uno que tiene generalmente bajos estándares. Estos grupos se caracterizan típicamente por su crítica frecuente, el enfoque en errores, quejas e incluso insultos entre sus miembros. Tales grupos tienden a derribar a sus miembros, desalentarlos y distraerlos del éxito. Tristemente, tales grupos son particularmente comunes en escuelas y en línea –los dos ambientes más típicos del aprendizaje del inglés–.

Tú quieres un grupo de colegas que te impulse. Quieres unirte a un grupo que te aliente, que alimente tus pensamientos positivos, que te interese y te entretenga. Quieres un grupo que te levante cuando sufres, que te celebre cuando tienes éxito.

Los grupos de colegas crean espirales, ya sea ascendentes o descendentes. A través de sus interacciones compartidas, estándares y valores, las comunidades de grupos de colegas ejercen una influencia en ti cada vez mayor. La participación en un grupo de colegas tóxico terminará erosionando tu seguridad, no importa qué tan fuerte seas. En el lado positivo, un grupo de colegas inspirador te fortalecerá para mejorar, crecer, y lograr éxito formidable, incluso si te sientes desesperanzado.

Escoge con cuidado. Cuando estés evaluando tomar clases o una comunidad en inglés, investiga a fondo. Observa cómo interactúan entre sí los miembros. Cuando un miembro es exitoso ¿es celebrado? o sucede que ¿otros miembros chismean celosamente? Cuando un miembro de la comunidad sufre ¿los otros miembros reaccionan de inmediato para alentarle y ayudarle, o le ignoran?

Si bien esto parece obvio, muchos estudiantes se olvidan de la razón ulterior por la que estudian. En la conversación tradicional de clases de inglés es fácil enfocarse en exámenes, libros de texto, calificaciones, y "niveles". Después de un tiempo, como estudiante estás tan preocupado por estas medidas artificiales que olvidas el fin ulterior por el que estudias.

En su nivel más profundo, la conversación en inglés se trata de la formación de comunidades internacionales y el sostenimiento de conexiones significativas entre la gente. ¿Qué clase de personas quieres en tu comunidad de habla inglesa?

Uno de mis objetivos en marcha es usar nuestros seminarios, cursos y grupos en línea como una manera de crear comunidades internacionales sólidas. Quiero ayudar a la gente a conectarse y comunicarse de maneras positivas y significativas –y ayudarla a que se mantenga conectada–. Una forma en la que puedes hacer esto es a través de los miembros de nuestros foros y clubes conversacionales. Están diseñados para permitirte interactuar y hacerles preguntas a otros estudiantes que están aprendiendo inglés, igual que tú.

También quiero que siempre tengas presente porqué estás estudiando inglés en primer lugar. Olvídate de las calificaciones, exámenes y de preocuparte sobre errores o de qué piensan los otros de ti. Sólo concéntrate en comunicar y tratar de conectarte con gente positiva. Rodéate de gente entusiasta a la que le encanta hablar inglés.

Cuanto más estés conectado con gente que se sienta emocionada con el inglés, tanto más emocionado estarás. ¡El entusiasmo es contagioso! También lo es la negatividad. Escoge tu grupo de colegas sabiamente.

LA COMUNIDAD ES IMPORTANTE

Cuando aprendes cualquier cosa, especialmente cuando aprendes inglés, es importante que tengas una comunidad –un club de otros estudiantes entusiastas–. Es por esto que la gente continúa asistiendo a las escuelas, aun cuando saben que los métodos escolares son terribles. La gente quiere una comunidad. Quiere unirse con otra gente. Quiere la motivación aumentada, apoyo, e inspiración que una buena comunidad puede proporcionarle.

Es por esto que nuestra página web se llama Effortless English Club™ (EffortlessEnglishClub.com). Effortless English™ es más que excelentes cursos –también es una comunidad de estudiantes muy positivos y entusiastas–. De hecho, somos muy cuidadosos con la membresía de nuestra comunidad. Sólo aceptamos a los más motivados –a los estudiantes que sean muy positivos y entusiastas–.

Nosotros monitoreamos de cerca a nuestro club, y tenemos cero tolerancia para lo negativo, el insulto, o conducta infantil generalmente observada en las comunidades de internet. En la mayoría de los foros de internet, por ejemplo, encuentras una gran cantidad de insultos y disputas. Nosotros no permitimos eso. Tales miembros son rápida y decisivamente eliminados del Club, y nunca se les permite volver a ingresar.

Sí, es una política de mano dura. Pero es necesaria. Puede ser difícil crear un gran club de aprendizaje internacional en línea. Y lo admito –no estoy interesado en aceptar y tolerar a todos–. Mi meta es crear un club de aprendizaje de inglés internacional de solamente los estudiantes más positivos. Quiero a los más entusiastas, los más apoyadores, los más amigables, los más energéticos miembros en el mundo... y de hecho, es exactamente lo que tenemos.

Los miembros del Effortless English Club™ son absolutamente maravillosos. El nivel de entusiasmo y amistad es tremendo. Los nuevos miembros siempre están muy contentos por descubrir este club de aprendizaje tan divertido y apoyador. Tenemos muchos súper-miembros que contestarán tus preguntas, te darán consejos de aprendizaje, te motivarán cuando te sientas desalentado y te inspirarán con sus éxitos.

Hicimos esta comunidad aun más fuerte cuando lanzamos nuestro nuevo VIP Program. Para nosotros, VIP significa Visión, Inspiración, Persistencia... un sitio de membresía mensual en el que los miembros más dedicados se reúnen... y obtienen nuevas lecciones de mi parte cada mes. Todas las lecciones tienen video, audio y texto, para que puedas entender todo... pero más importante, las lecciones se enfocan en tres temas poderosos: Estrategias de Aprendizaje Avanzado, La Psicología del Éxito, y Liderazgo Positivo.

El VIP Member Program se enfoca no sólo en inglés, sino también en Aprendizaje y Éxito en general. Éste es el lugar donde nuestros estudiantes más motivados (el uno por ciento más alto) se reúnen y aprenden juntos –un club/comunidad muy destacado con lo Mejor de lo Mejor–. No son los mejores por su habilidad inicial en el inglés, sino también por sus actitudes positivas, perseverancia, y devoción al aprendizaje.

CAPÍTULO 23

El código y la misión de Effortless English™

La comunidad Effortless English™ se mantiene unida por nuestro objetivo, código, misión y valores. Obviamente, nuestro objetivo principal es ayudarte a hablar inglés eficaz y correctamente. Pero también compartimos un código, misión y valores más profundos.

El código, la misión y los valores, son los que han creado nuestra comunidad positiva y entusiasta con miembros de todas las edades de todos los continentes, géneros, y tipos de gente. El código de Effortless English™ es sencillo: es un código de conducta de tres partes. Todos los miembros de nuestra comunidad, cuando ingresan, se comprometen a seguir el código.

El Código de Effortless English™ es:

1. Hacemos lo Mejor que Podemos

2. Hacemos lo Correcto

3. Nos Preocupamos el Uno por el Otro

Hacemos lo mejor que podemos significa que trabajamos duramente para mejorar, aunque sabemos que la perfección es imposible. No nos preocupa la perfección. No nos molestamos por nuestros errores. Nuestro enfoque siempre es sobre la mejoría, no sobre "la respuesta correcta".

Hacemos lo correcto significa que no mentimos, chismeamos, o insultamos a otros miembros. Tratamos a todos como buenos amigos y miembros de la familia. Seguimos "la regla dorada" de ser amables y educados dentro de nuestra comunidad.

Nos preocupamos el uno por el otro significa que vamos más allá de evitar conductas negativas. Más bien, activamente alentamos y apoyamos a otros miembros. Cuando un miembro está sintiéndose mal, lo animamos. Cuando otro miembro triunfa, lo celebramos, felicitamos y elogiamos sinceramente. Siempre estamos buscando formas de ayudarnos entre nosotros.

Adicionalmente a dominar el inglés hablado, nuestra comunidad comparte una misión más profunda. Nuestra misión es:

Explorar nuevas oportunidades de crecimiento,

Llevar seguridad, vitalidad y felicidad a la gente en todo el mundo,

Valientemente ir adonde nunca antes hemos ido.

Explorar nuevas oportunidades para crecer significa que siempre buscamos nuevas formas de aprender y mejorar. Estamos dedicados al aprendizaje de por vida. Conforme mejoramos, compartimos nuestro éxito con otra gente. Ayudamos a otros a sentirse más fuertes, más energéticos y felices.

Esto hacemos en el Effortless English™ Club. Esto hacemos dentro de nuestras familias. Esto lo hacemos donde se pueda. Finalmente, nos esforzamos por vivir valientemente con mentes abiertas. Estamos deseosos de probar cosas nuevas, considerar nuevas ideas y viajar a nuevos lugares. Tenemos una actitud aventurera hacia la vida.

La misión está conectada con los valores de nuestra comunidad. Tenemos siete valores:

1. Devoción a la Misión

Como miembros de la comunidad Effortless English™, todos compartimos la misión. La misión es algo que hacemos juntos, como equipo, como una familia internacional.

2. Entusiasmo

El entusiasmo es vital para triunfar en cualquier aspecto de la vida. El entusiasmo genera emociones pico y es combustible para nuestro motor de aprendizaje. Conscientemente escogemos desarrollar nuestro entusiasmo para el aprendizaje y la vida.

3. Mejoría Constante e Interminable

Como sugiere nuestra misión, nos dedicamos a mejorar constante e interminablemente. Sabemos que el gran éxito es el resultado de mejoras pequeñas pero constantes. Sabemos que con el aprendizaje la vida se vuelve más interesante y disfrutable, y continuamos aprendiendo durante toda la vida.

4. Contribución

El éxito personal es importante y también compartir el triunfo. Al mejorar, nos concentramos en ayudar a otros a hacer lo mismo. Estamos encantados con el triunfo de otros en nuestra comunidad. Hacemos lo mejor que podemos para ayudar a otros de cualquier manera que podamos.

5. Autodependencia

Los miembros del Effortless English™ Club son estudiantes independientes. No esperamos que los profesores, escuelas o los expertos nos digan qué hacer. No esperamos que otros resuelvan nuestros problemas. Nos responsabilizamos por nuestras propias vidas y nuestros problemas. Somos estudiantes proactivos.

6. Perseverancia

El éxito es imposible sin perseverancia. Cuando algo es importante para nosotros, no nos rendimos. A pesar de dificultades, a pesar de retos, a pesar de fracasos temporales, seguimos adelante. Seguimos adelante hasta lograr nuestras metas.

7. Liderazgo Positivo

Cada miembro del Effortless English Club™ es un líder porque cada uno de nosotros puede alentar e inspirar a otros. En nuestra comunidad, lideramos con ejemplo. No le decimos a otros qué hacer. Más bien, nos esforzamos por ser buenos modelos por seguir. Trabajamos duramente para mostrar el camino. Como líderes, queremos hacer que los demás se fortalezcan, sean más exitosos y más seguros.

Mi creencia es que todas las escuelas deben operar con este código, misión y valores. Muchos de los problemas en educación se resolverían si los profesores, administradores y estudiantes estuvieran guiados por los principios señalados.

Uno de los grandes problemas en las escuelas es que los maestros han fracasado en reconocer que deben hacer más que dar clases y disciplinar a los estudiantes. Los verdaderos grandes maestros son más que profesores que dan clases: son líderes y entrenadores que inspiran a sus estudiantes a la grandeza.

Piensa en tu entrenador deportivo favorito –alguien que ayuda a su equipo a lograr la grandeza–. Esta gente no enseña únicamente las habilidades para el juego. Los grandes entrenadores lideran e inspiran. Son expertos en psicología práctica. Saben cómo energizar y motivar a sus jugadores. Hacen que sus equipos se fortalezcan, tengan más confianza y sean más exitosos.

Por esto yo me auto llamo llanamente un "entrenador" de inglés, más que un profesor. La palabra "entrenador" me recuerda que debo ser más. Me recuerda enfocarme en energizar, liderar e inspirar a los miembros de mi equipo. Como entrenador, hago más que simplemente enseñar inglés, debo ayudarte a que creas en ti mismo. Debo convencerte que puedes triunfar en el inglés y que sin duda triunfarás.

Deseo que este libro haya logrado exactamente esto. Deseo que te sientas más seguro. Deseo que estés convencido que tú puedes y que finalmente triunfarás hablando inglés. El pasado no es igual que el futuro. Cualesquiera que hayan sido tus problemas con el inglés, se han ido. Déjalos ir. Hoy es un nuevo día y ahora tienes un sistema totalmente diferente.

Hoy es tu día. Ahora estás en el camino para hablar Effortless English™.

¡Disfruta el viaje!

GET THE
AUDIOLIBRO

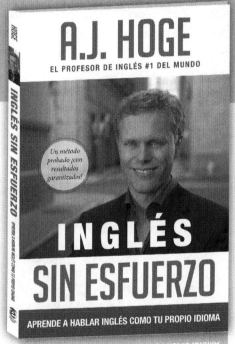

A.J. HOGE
EL PROFESOR DE INGLÉS #1 DEL MUNDO

Un método probado ¡con resultados garantizados!

INGLÉS
SIN ESFUERZO

APRENDE A HABLAR INGLÉS COMO TU PROPIO IDIOMA

Como un servicio a los estudiantes de inglés, he grabado una versión en audio de este libro. Consigue la versión en audio de este libro en la página web: **EffortlessEnglish.com**

Usa las versiones de audio y texto de este libro, capítulo por capítulo. Aprende profundamente leyendo y escuchando al mismo tiempo un capítulo. Haz esto por unos cuantos días. Después, deja el texto a un lado y escucha únicamente el capítulo en audio durante unos días. Una vez que hayas dominado ese capítulo, empieza el proceso nuevamente con el siguiente capítulo.

CURSOS
EFFORTLESS ENGLISH™

Acelera tus avances y resultados en inglés entrenándote con A.J. en uno de los cursos Effortless EnglishTM. Entrénate para ser una persona que habla inglés con habilidad y confianza.

Cada curso está diseñado usando los métodos descritos en este libro. Al unirte a un curso de Effortless EnglishTM mejorarás tu inglés hablado usando las lecciones en audio y video impartidas por el mismo A.J.

Ésta es la forma más fácil de usar el sistema Effortless EnglishTM para lograr el éxito lo más rápidamente posible.

CURSOS DE LEARN REAL ENGLISH

Aprende el inglés real, incluidos los modismos, lenguaje coloquial ("slang") e inglés típico, con el equipo de Learn Real English: A.J., Kristin Dodds y Joe Weiss.

Estos cursos utilizan conversaciones naturales que te enseñan el lenguaje cotidiano usado por la gente que habla inglés de origen.

Aprende más sobre las conferencias de A.J., sus entrenamientos y consultoría en:

http://LearnRealEnglish.com

Acerca del Autor

A.J. Hoge es el fundador y director de Effortless English LLC, y co-fundador de Learn Real English y Business English Conversations. Ha sido descrito como "El profesor de inglés #1 del mundo" y es famoso como el anfitrión de The Effortless English Show, que tiene más de 41,000,000 de descargas a nivel mundial. Tiene una maestría en TESOL y ha estado enseñando inglés desde 1996. A.J. imparte seminarios alrededor del mundo en temas de inglés, hablar en público, métodos de entrenamiento efectivo, desarrollo profesional y mercadotecnia en línea.

Conéctate con A.J.:

AJHoge.com

twitter.com/ajhoge

youtube.com/ajhoge

plus.google.com/+effortlessenglishclub

facebook.com/effortlessenglish

Audiolibro Effortless English

EffortlessEnglish.com

Reservaciones sobre: Hablar en Público, Seminarios, y Eventos en Vivo

events@EffortlessEnglishClub.com

Consultas sobre Medios

events@EffortlessEnglishClub.com